ALLTAGS *Glücks* GESCHICHTEN

Andreas Malessa

ALLTAGS *Glücks* GESCHICHTEN

beinah biblisch

edition chrismon

Inhalt

7 **Vorwort**

8 **Nicht egal, nur unbekümmert** *(Lukas 12,22–28)*

12 **Herzworte gesucht** *(Lukas 2,19)*

16 **Wo das Licht ankommt** *(1. Mose 1,1–5)*

20 **Zu so was muss man geboren sein** *(Jeremia 1,4–8)*

24 **Wenn Tiere sprechen könnten** *(4. Mose 22,21–32)*

30 **Fatal verwhatsappt** *(Johannes 21,15–19)*

34 **Üben Sie Deutsch!** *(Sprüche 24,16)*

38 **Lohnt sich Hoffnung?** *(Römer 8,24–28)*

42 **Richtig übel auf hohem Niveau** *(Hiob 30,24–31)*

46 **Ungeahnte Versuchungen** *(Matthäus 4,1–11)*

50 **Abstandsregeln ins Lot bringen** *(1. Mose 13,1–11)*

54 **Siehste!** *(2. Mose 14,9–13)*

58 **Aussicht auf Verlässlichkeit** *(Psalm 62,2–8)*

62 **Wenn plötzlich nichts ist** (Matthäus 27,45–46)

68 **Brot statt Steine geben** *(Matthäus 7,7–11)*

72 **Tracht tragen, ein Segen** *(4. Mose 6,24–26)*

78 This little light of mine *(Matthäus 5,14–16)*
82 Wenn man eine Zwille hätte *(1. Samuel 17,4–11)*
86 Erstaunliche Gründe *(Rut 1, 16–17)*
92 Am liebsten dreinschlagen *(1. Könige 3,16–28)*
98 Kleine Leute, großes Vertrauen *(Matthäus 13,31–32)*
102 Viel Spielraum in der Tradition *(1. Korinther 13,4–7)*
106 Gartenzwergkrieger *(Jesaja 2,1–5)*
110 Uromas Freudentränen *(1. Mose 18,9–14)*
116 Wer ist sie? *(Sprüche 8,23.29–30)*
120 Nein, ehrlich gelogen! *(2. Mose 1,15–20)*
124 Fällt ein Stein vom Herzen *(Markus 16,1–3)*
128 Und nachher Happy Hour *(Johannes 14,9)*

Vorwort

Gibt es ein Buch, das öfter gekauft, aber seltener gelesen wird als alle anderen? Den ungelesensten Bestseller sozusagen? Den fast alle im Schrank haben, aber fast niemand im Kopf hat?

Ja, gibt es. Die Bibel.

Das finde ich schade. Die Sammlung aus Familiendramen, Politkrimis, Weisheits-Sprüchen, Gedichten, Gebeten, Liedern und Briefen ist nämlich brandaktuell. Ihre Geschichten passieren immer wieder.

Nicht genauso natürlich, aber ähnlich. Oder zumindest vergleichbar. Weil der Bibel nichts Menschliches fremd ist, sollte den Menschen nichts Biblisches fremd sein, dachte ich mir. Und erfand oder nacherzählte das alltägliche, tragikomische, manchmal realsatirische Erleben von Moni und Jannik, Hermann und Hedwig, Leon und Sabrina. Was die (und ich und Sie und alle) schon erlebt haben oder noch erleben könnten, ist „beinah biblisch".

In der Hoffnung, dass Sie ein bisschen Sinn für Humor und Spaß an der Sprache haben, wünsche ich viel Lesevergnügen und Erkenntnisgewinn!

Andreas Malessa

Er sprach aber zu seinen Jüngern: Darum sage ich euch: Sorgt euch nicht um das Leben, was ihr essen sollt, auch nicht um den Leib, was ihr anziehen sollt. Denn das Leben ist mehr als die Nahrung und der Leib mehr als die Kleidung. Seht die Raben: Sie säen nicht, sie ernten nicht, sie haben keinen Keller und keine Scheune, und Gott ernährt sie doch. Wie viel mehr seid ihr als die Vögel! Wer ist unter euch, der, wie sehr er sich auch darum sorgt, seiner Länge eine Elle zusetzen könnte? Wenn ihr nun auch das Geringste nicht vermögt, warum sorgt ihr euch um das Übrige? Seht die Lilien, wie sie wachsen: Sie arbeiten nicht, auch spinnen sie nicht. Ich sage euch aber, dass auch Salomo in aller seiner Herrlichkeit nicht gekleidet gewesen ist wie eine von ihnen. Wenn nun Gott das Gras, das heute auf dem Feld steht und morgen in den Ofen geworfen wird, so kleidet, wie viel mehr wird er euch kleiden, ihr Kleingläubigen!

LUKAS 12,22–28

Nicht egal, nur unbekümmert

Jannik gehört nicht zu jenen sorglosen Männern, die irgendwann allein in die Stadt gehen und in Rekordzeit zurückkehren mit Hemden, Hosen und Jacketts, die ihnen passen, die ihnen stehen und die keine Privatinsolvenz verursachen. Moni wiederum gehört zu jenen sorgenvollen Frauen, die das selbst erworbene Outfit ihrer Männer fürchten. Wegen des Aussehens.

„Wollen wir am Wochenende mal bummeln gehen?", fragte sie.

„Gern. Aber warum? Und wohin?", fragte er.

Männer brauchen einen Zweck und ein Ziel. Sonst machen sie sich Sorgen. Allzu leicht gerät das Bummeln zur vorsorglichen Vorratshaltung und er, der Flaneur, wird zum Objekt fürsorglicher Entmündigung. So kam es. Genauso.

Brav folgte er ihr in die hellgrelle Unübersichtlichkeit des größten Kaufhauses der Stadt. Betäubt von der Musikdusche uralter Discohits, verwirrt von der seifigen Freundlichkeit der Verkäufer und Verkäuferinnen, verschwitzt von der feuchtwarmen Luft sackte er in eine Art schafsblöde Apathie. Hunderte folienverpackte Hemden voll versteckter Nadeln, Tausende säuberlich gefaltete T-Shirts und Hunderttausende winzige Zettel mit Markennamen, Nummern, Maßen und Preisen verschwammen zu einem Wimmelbild und ließen ihn darüber hinwegsehen, dass die Verkäuferin über ihn hinwegsah. Sie sprach nur mit Moni. Über ihn, wohlgemerkt, und seine Halsweite. So einen Hals bekam er nicht mal dann, als er noch halbnackt in der Umkleidekabine stand, Moni aber schon mit einem lauten „Und?“ den Vorhang zur Seite riss. Der Stoff der Hose verursachte Juckreiz. An einer empfindlichen Stelle übrigens. Der Hosenbund schnitt tief ein in die Ernährungsfolgen, denn bisher hatte ihm nichts ausgemacht, was die Natur aus ihm gemacht hatte.

„Ist dir dein Äußeres denn egal?“, fragte Moni auf der Rolltreppe.

„Nein, ich will gut aussehen, aber unbekümmert bummeln dürfen. Also nicht einkaufen müssen. Deine Kollegin Anika zum Beispiel ...“

Weiter kam Jannik nicht. Diese Bekannte nämlich brachte ihrem Mann Kleidungsstücke aus den Kaufhäusern mit, wartete zu Hause geduldig, bis er sie mal anprobierte und tauschte sie dann wieder um. Manche mehrmals.

„Ich glaub's ja nicht!“, prustete Moni los. „Wie oft, glaubst du, laufe ich für dich in die Stadt? Glaubst du vielleicht, Herrenausstatter verleihen ihre Ware?“

Es waren so viele Glaubensfragen auf einmal, dass ihm erst im Café auffiel: Monis Glaube war kleiner als seiner. Sie glaubte nicht daran, dass er das Mitgebrachte je tragen würde. Er glaubte aber, diese Sorge sei unbegründet.

Der Stadtbummel endete trotzdem versöhnlich.

„Gefällt es dir?“, fragte Moni und zog ein lilienblaues Top aus der Einkaufstasche. „Hab ich gekauft, während du in der Umkleide warst.“

„Das ist wunderschön, Schatz. Wo du so was bloß immer findest!“

Maria aber behielt alle diese Worte
und bewegte sie in ihrem Herzen.

LUKAS 2,19

Herzworte gesucht

Hunde machen das jeden Tag. Sie führen ihr Herrchen oder Frauchen, wie man früher sagte (genderneutral muss es natürlich „ihr Persönchen“ heißen), an einer Leine um den Block oder ins Grüne. Wer da wen führt, ist offensichtlich: Der Hund immer voraus. Umgangssprachlich sagt man, sie „gehen Gassi“.

Was aber machen die Menschen, während ihre Hunde machen?

Viele telefonieren. Manche reden ihrem Tier gut zu. Einige denken. Sie denken nach. Oder sich was Neues aus. Dass sie tief in Gedanken versunken, ja, geradezu in Gedanken verloren sind, ist auch offensichtlich: Niedrige Fahrradständer, Hecken, Treppen, Mülleimer, rote Fußgängerampeln, sogar Litfaßsäulen – lauter Überraschungen wecken sie wie aus einer Trance.

Moni macht das alle paar Wochen, allein spazieren gehen. Hundelos, kinderlos, herrenlos. Einfach so, erst um den Block und dann in den Grüngürtel der Stadt. Überrascht wird sie dabei nur von der rasant sich verändernden Natur, so selten wie sie hier rauskommt: Krokusse und Weidenkätzchen im März, Wiesenblumen im Mai, herbstbraune Blätter im August. Klimabeschleunigung eben. Sie staunt und kann dabei tief eindenken und ruhig ausdenken.

Moni denkt nach über das, was ihre Coachin gesagt hat. Das ist eine Frau, die ihr alle vierzehn Tage 45 Minuten zuhört und Tipps gibt, Lebenstipps. Gegen Geld, ja, aber wahrscheinlich weniger als eine „richtige" Therapeutin genommen hätte. Moni ist ja nicht seelisch krank, nur halt oft gestresst und manchmal ratlos. Außerdem haben alle Führungskräfte heutzutage einen „Personal Trainer" für irgendwas, vermutet Moni. Sie bekommt Ratschläge für Konflikte im Job, für die Optimierung ihrer Ehe mit Jannik, für die Kindererziehung, das Körpergefühl, für die Ernährung, für mehr Achtsamkeit, für eigentlich alles. Und einer dieser Ratschläge lautete: „Gehen Sie spazieren und denken Sie an prägende Worte, die Ihr Herz bewegt haben."

Moni fielen zunächst keine ein. „Leitsätze. Kernaussagen, Lebensweisheiten. Was war Ihr Familienmotto, gab es ein ehernes Gesetz? Was hat Sie geprägt, verstehen Sie?"

Hm.

Opa hatte gern Wilhelm Busch zitiert („Aber wehe, wehe, wenn ich auf das Ende sehe"), Papa vergaß nie zu erwähnen, das Leben sei eine Pralinenschachtel und man wisse nie, was man kriegt. Mama pflegte Monis hochfliegende Teenieträume mit dem Satz „Du wirst dich noch umgucken!" zu beenden. Alles irgendwie Warnungen. Aber hatte sie das geprägt? Sie, die Optimistin?

Jannik, denkt sie beim langsamen Umrunden des Ententeichs im Stadtpark, Jannik ist ein Pessimist. Der erwartet immer das Schlimmste und bezieht seine Lebenszufriedenheit aus dem schlichten Nichteintreten von Unglück. Obwohl seine Eltern herzlich zuversichtlich sind – ein steter Quell immer neuer Kopf-hoch-Sprüche: „Aufstehen, Krönchen richten, weitergehen!", „Alles halb so wild!", „Kriegst du Zitronen, mach' Saft draus!". Wird man beim Erwachsenwerden das Gegenteil von dem, was einem als Programm mitgegeben wurde?

Ihr fällt auf, dass die meisten Spaziergänger (oder „Spaziergängigen"?) irgendwas machen. Telefonieren, Snacks essen, nordic walken, Blutdruck messen, sich auf Google Maps orten.

Moni denkt nur. Geht, guckt und denkt. Ob es programmatische Worte gibt, die erst ihr Herz bewegen und dann die Verhältnisse ändern? „I have a dream" wäre einer. Oder „Yes we can." Oder „Wir schaffen das." Komisch, dass Martin Luther King, Barack Obama und Angela Merkel in drei Wörtern ein ganzes politisches Programm definieren konnten. Monis Coachin dagegen sondert mehr Sinnsprüche ab, als man im Postkarten-Drehständer einer Buchhandlung findet. Alle nicht falsch, manche tröstlich, einige sogar richtig weise. Aber „das Herz bewegend"?

Es müsste doch, denkt Moni und biegt vom Stadtparkausgang in ihre Wohnstraße ein, mindestens drei Bibelworte geben, die mal für mich ausgesucht wurden: der Taufspruch, der Konfirmationsspruch und der Vers zu unserer Trauung. Schade, dass ich keinen davon auswendig weiß. Sie könnten vielleicht ja richtig herzensprägend werden.

Am Anfang schuf Gott Himmel und Erde.
Und die Erde war wüst und leer, und Finsternis
lag auf der Tiefe; und der Geist Gottes schwebte
über dem Wasser. Und Gott sprach: Es werde
Licht! Und es ward Licht. Und Gott sah,
dass das Licht gut war. Da schied Gott das Licht
von der Finsternis und nannte das Licht Tag
und die Finsternis Nacht. Da ward aus Abend
und Morgen der erste Tag.

1. MOSE 1,1–5

Wo das Licht ankommt

Als Moni aus dem Kinderzimmer zurückkommt, ist es schon Viertel nach acht. Mit feuchtleuchtenden Augen steht sie da, sodass Jannik verwundert den Tatort-Vorspann mit der Fernbedienung wegklickt.

„Und? Diesmal 'ne lange Geschichte vorgelesen?" Er rückt einladend ihren Fernsehsessel heran.

„Tamino wollte singen. ‚Babylieder von früher' nennt er die." Moni lächelt. Entspannt, glücklich sieht sie aus, beinah beseligt. Jannik staunt, denn oft genug ist das abendliche Kindsversenken reine Nervensache. Auch bei einem Erstklässler noch. Wegen der Unordnung im Zimmer, der Sauerei in den Heften, dem Chaos im Schulranzen und der Unlust auf morgen.

„Wir haben ‚Weißt du, wie viel Sternlein stehen' gesungen. Wollte er so, stell' dir vor!" Sie kickt die Slipper von den Füßen, lässt sich in den Sessel fallen und nickt, als ihr Mann fragend auf ein leeres Weinglas deutet.

„Wie viel Sternlein stehen, kann ich mir nicht vorstellen. Und falls ‚Gott, der Herr, sie gezählet hat', wird er feststellen, dass ihm etliche fehlen", grinst Jannik beim Einschenken.

„Wieso das denn?" Moni findet ihn manchmal einen unromantischen Stimmungskiller.

„Weil sie erloschen sind, aber ihr Licht immer noch bei

uns ankommt. Was du am Nachthimmel siehst, Schatz, ist größtenteils Vergangenheit.“

Er hebt sein Glas in Gesichtshöhe, hält es gegen das Licht, schaut zufrieden ins funkelnde Dunkelviolett.

„Aber Licht soll doch“, sie nimmt auch einen Schluck, „so irre schnell sein, heißt es immer, weil es keine Materie, kein Milligramm Gewicht, transportieren muss.“

„Stimmt. Etwa eine Milliarde km/h schnell. Ungefähr 350.000 Kilometer in 1,3 Sekunden. So viel zum Thema Entfernungen. Lichtjahre weit weg, die lieben Sternlein.“

Moni steht auf, sucht Streichhölzer in der Küchenschublade und zündet ein paar Teelichter auf dem Beistelltisch an. Im schwarzen Bildschirm des Fernsehers spiegeln sich drei helle Punkte und der Schein der Stehlampe hinter den Sesseln. Jannik überlegt, dass der Tatort ja um Viertel vor zehn wiederholt wird. Moni ist gedanklich beim Thema geblieben: „Tamino ist das alles wurscht.“

„Was?“

„Wo das Licht herkommt und wie lange es unterwegs war. Dem ging’s vorhin mehr darum, ob das Licht auch ankommt. Bei ihm, in seinem Zimmer, wenn er schlafen soll.“

„Hast du das Nachtlicht angelassen?“

Moni nickt versonnen, geht an den Kühlschrank und summt dabei die Melodie des Kinderliedes.

„Kennt auch dich und hat dich lieb“ heißt die letzte Refrainzeile, erinnert sich Jannik.

Licht

Und des HERRN Wort geschah zu mir:
Ich kannte dich, ehe ich dich im Mutterleibe bereitete, und sonderte dich aus, ehe du von der Mutter geboren wurdest, und bestellte dich zum Propheten für die Völker.
Ich aber sprach: Ach, Herr HERR, ich tauge nicht zu predigen; denn ich bin zu jung.
Der HERR sprach aber zu mir: Sage nicht: „Ich bin zu jung", sondern du sollst gehen, wohin ich dich sende, und predigen alles, was ich dir gebiete. Fürchte dich nicht vor ihnen; denn ich bin bei dir und will dich erretten, spricht der HERR.

JEREMIA 1,4–8

Zu so was muss man geboren sein

Um eine fest zugedrehte Thermoskanne zu öffnen, braucht man beide Hände. Ihre linke hielt aber die kurze Holzlatte mit dem Pappschild hoch „Omas gegen rechts“. Seit über einer Stunde schon. In der prallen Sonne. Mit der freien Hand ertastete sie das ersehnte Gefäß in ihrem Jutebeutel.

Hedwig trat vom Straßenrand zurück, blickte suchend die Häuserreihe entlang – da, ach, wie gut, ein Gartenmäuerchen – stellte das Plakat und die Kanne ab, öffnete den Deckelbecher, goss sich Ingwertee ein, prüfte die relative Sauberkeit der kniehohen Mauerfläche und setzte sich.

Wie heftig hatte Hermann sie gewarnt, mit ihren 74 Jahren mitzumachen bei dieser Gegendemo! „Du bist zu alt für so was. Was ist, wenn dich die Nazis angreifen, wenn die Polizei auf Pferden geritten kommt, wenn du vor Aufregung hyperventilierst? Zur Revolutionärin muss man geboren sein, Schatz. Das bist du nicht. Das bist nicht du!“

Wie oft hatte sie in ihren Träumen heldenhaft in die Trillerpfeife gepustet, falls die Rechten Hetztiraden skandieren sollten! Wie schön war der Gedanke, ein Fernsehteam könne sie interviewen und dann würde sie von ihrer Flüchtlingshilfe erzählen. Ganz kurz natürlich, aber in der Tagesschau!

Hedwig nahm einen zweiten Schluck und streckte ihre müden Beine. Die fremden Hooligans mit den schwarz-rotweißen Fahnen und die ortsansässigen AfD-Granden skandierten gar nichts. Trotteten nur grimmig schweigend durchs Spalier der Polizisten. Dahinter radelten Gegendemonstranten in Fahrradschwärmen herum und schwenkten Regenbogenfahnen.

Hedwigs „Omas gegen rechts“-Plakat lehnte an einem schattigen Mäuerchen. Ungesehen.

„Als Rudi Dutschke die 68er-Proteste anführte, war ich Anfang zwanzig und schwanger mit Martin. Fand mich viel zu jung dafür.“ Hedwig murmelte gedankenverloren vor sich hin, während junge Mädchen ihr im Vorübergehen mit Bierdosen zuprosteten.

„Dann wurde der Junge geboren. Kam als Teenager mit einem lila Halstuch vom Evangelischen Kirchentag 1983 und wollte es im Unterricht tragen. ‚Frieden schaffen ohne Waffen‘, ja, von wegen. Was versteht ein Vierzehnjähriger von Sicherheitspolitik im Kalten Krieg? Hermann nahm es ihm weg.“

Ein kleiner weißer Malteser schnupperte an Hedwigs Thermoskanne. Am Ende seiner Hundeleine eine Frau, die das zu spät bemerkte.

„Aus, Schnucki, lass das!“, rief sie jetzt.

Schnucki hob das Bein an Hedwigs Plakatstange. Sein Frauchen zog ihn gerade noch zur Seite.

„Bitte entschuldigen Sie“, ihr Blick fiel auf das Plakat. Sie grinste. „Oma bin ich auch, hehe, aber …“

„Dann demonstrieren Sie doch mit“, unterbrach Hedwig sie.

„Och, das macht ja freitags meine Enkelin.“

Die Passantin spürte, wie ihr weißer Staubwedel auf vier Pfoten an der Hundeleine zerrte und weiterwollte.

„Die ist Greta-Fan, wissen Sie, Klimawandel und so“, sagte sie im Weggehen über die Schulter, „ich finde, die Kleine ist zu jung dafür.“

„Und Sie sind zu alt?“, rief ihr Hedwig hinterher.

Sie schaute auf die Uhr, spülte rechtzeitig die jetzt nötige Blutdrucktablette mit dem letzten Rest Ingwertee hinunter und erhob sich.

„Und meine Enkelin? Martins Tochter“, flüsterte sie in sich hinein und nahm entschlossen ihr Plakat wieder zur Hand, „ist die mit ihren 34 schon zu alt, um bei Fridays-for-Future mitzumachen? Schulfrei kriegt sie von ihrem Ausbilder für so was nicht.“

Am Spätnachmittag dieses Tages – der Rechtenaufmarsch und die Gegendemo waren zum Glück friedlich zu Ende gegangen – stellte Hedwig zu Hause fest, dass sie ihre Thermoskanne auf dem Mäuerchen vergessen hatte.

„Sachichdoch“, murmelte Hermann.

Da stand Bileam am Morgen auf und sattelte seine Eselin und zog mit den Fürsten der Moabiter. Aber der Zorn Gottes entbrannte darüber, dass er hinzog. Und der Engel des HERRN trat in den Weg, um ihm zu widerstehen. Er aber ritt auf seiner Eselin, und zwei Knechte waren mit ihm. Und die Eselin sah den Engel des HERRN auf dem Wege stehen mit einem bloßen Schwert in seiner Hand. Und die Eselin wich vom Weg ab und ging auf dem Felde; Bileam aber schlug sie, um sie wieder auf den Weg zu bringen. Da trat der Engel des HERRN auf den Pfad zwischen den Weinbergen, wo auf beiden Seiten Mauern waren. Und als die Eselin den Engel des HERRN sah, drängte sie sich an die Mauer und klemmte Bileam den Fuß ein an der Mauer, und er schlug sie noch mehr.

Da ging der Engel des HERRN weiter und trat an eine enge Stelle, wo kein Platz mehr war auszuweichen, weder zur Rechten noch zur Linken. Und als die Eselin den Engel des HERRN sah, fiel sie auf die Knie unter Bileam. Da entbrannte der Zorn Bileams, und er schlug die Eselin

mit dem Stecken. Da tat der HERR der Eselin den Mund auf, und sie sprach zu Bileam: Was hab ich dir getan, dass du mich nun dreimal geschlagen hast? Bileam sprach zur Eselin: Weil du Mutwillen mit mir treibst! Ach dass ich jetzt ein Schwert in der Hand hätte, ich wollte dich töten! Die Eselin sprach zu Bileam: Bin ich nicht deine Eselin, auf der du geritten bist von jeher bis auf diesen Tag? War es je meine Art, es so mit dir zu treiben? Er sprach: Nein.
Da öffnete der HERR dem Bileam die Augen, dass er den Engel des HERRN auf dem Wege stehen sah mit einem bloßen Schwert in seiner Hand, und er neigte sich und fiel nieder auf sein Angesicht. Und der Engel des HERRN sprach zu ihm: Warum hast du deine Eselin nun dreimal geschlagen? Siehe, ich habe mich aufgemacht, um dir zu widerstehen; denn der Weg vor mir führt ins Verderben.

4. MOSE 22, 21–32

Wenn Tiere sprechen könnten

„Gut, dass Kreuzfahrtschiffe nicht umkippen, wenn fast alle 4.000 Passagiere schlagartig zu einer Seite rennen." Hermann stapft hinter Hedwig her, die Treppe zum Außendeck hinauf.

„In einem Ruderboot wär' das schon bei vier Personen so", schnauft sie über die Schulter nach hinten. Sie treten ins Freie. Gleißendes Sonnenlicht, kräftiger Wind, Glücksschreie der Kinder, rasendes Klackern zahlloser Fotokameras, staunende „Ahs" und „Ohs" der Menschenmassen an der Reling.

Die Durchsage „Delfine backbord!" vor wenigen Minuten löste hektisches Gedränge auf allen Stockwerken aus. Hedwig duckt sich unter die Ellenbogen der Leute mit hocherhobenen Handys, pirscht gebückt in die vorderste Reihe und tatsächlich: „Da! Ja, da, schau! Zwei, drei Stück! So verspielt, so fröhlich!"

Hermann drängelt sich seitwärts zu ihr vor: „So sieht es zumindest aus. Als ob Delfine immer lächeln. Da, guck, da drüben springt wieder einer."

„Schade, dass wir bei dem Lärm hier ...", Hedwig steht neben einer restlos begeisterten Großfamilie, „... ihre Klicklaute, dieses Pfeifen und Kichern nicht hören."

Ihrem Mann kommen sehr ernüchternde Gedanken, als das kurze Naturschauspiel ganz offenbar zu Ende ist und die meisten Gäste an ihre Buffets und Restauranttische zurückkehren: „Gut, dass niemand versteht, was Delfine sagen." Hedwig sucht noch sehnsuchtsvoll den Horizont ab, hört nur halb hin. Erst ihr fragender Blick lässt ihn weiterreden: „Überleg' mal: Motorboot-Raser in Strandnähe, tödliche Treib- und Schleppnetze vor den Küsten, Plastikmüll und Schiffsschraubenlärm auf hoher See – vielleicht springen Delfine ja nur deshalb neben Kreuzfahrtschiffen in die schwerölverpestete Luft, um zu rufen: ‚Haut ab, ihr Arschlöcher!' Wer weiß?"

„Also Hermann! Jetzt mach' doch nicht die schöne Stimmung kaputt!"

Lange schweigend über die Reling gebeugt, hängt Hedwig eigenen Erinnerungen nach: Flipper, der Freund aller Kinder. Die Titelmelodie der TV-Serie aus den Sechzigern kann sie immer noch auswendig. Der gutmütige Bär in Grimms Märchen von Schneeweißchen und Rosenrot, unvergessen. Das „Versuch's mal mit Gemütlichkeit"-Lied des faulen Balu im Dschungelbuch, ein Welthit! Was hat sie gestaunt, als Gänserich Martin den zwergenkleinen Nils Holgersson zwischen die Flügel nahm und Wildgans Akka ihnen ganz Schweden erklärte. Nicht zu reden von Doktor Doolittles Papagei! „Talk to the Animals", der Filmsong bekam sogar einen Oscar.

„Die Sprache der Tiere ...", fängt Hedwig verträumt an, aber da räsoniert Hermann schon kaltherzig weiter, „... ist reine Projektion! Millionen Singles sagen zu ihrer Katze ‚Hallo, mein Schatz, na, wie geht's?', bestreiten aber heftig, ihr Couchtiger sei ein Partnerersatz. Millionen Herrchen und Frauchen gehorchen dem klar geäußerten Willen ihrer Hunde. Alle Reiterinnen und Reiter wollen Pferdeflüsterer sein ..."

„... weil sie die Körpersprache der Pferde lesen können!", protestiert Hedwig.

„Und Millionen esoterische Spinner finden den Gesang der Wale therapeutisch heilsam, dabei unterscheidet der sich nicht vom Knarzen und Quietschen einer verzogenen Holztür."

Hedwig zieht genervt den Reißverschluss ihrer Jacke bis unters Kinn.

„Mann, bist du unromantisch." Gleichzeitig verspürt sie Lust auf ein Verhör: „Frage: Sehen Tiere, was Menschen nicht sehen?"

Hermann gibt klein bei. „Nnn ... na ja. Ja, sicher."

„Können Menschen von ihnen lernen?"

„Auch das, klar."

„Dann könntest du glauben, dass in der biblischen Geschichte vom Propheten Bileam der Esel einen Engel sah, den der Reiter nicht sah, und nur deshalb bockte?"

„Könnte ich, ja, warum nicht. Jedenfalls war es falsch, dass Bileam wütend auf den Esel eindrosch. Das Tier wollte ihn ja nur zur Umkehr bewegen und vor Fehlern bewahren."

„Siehste!" Hedwig wendet sich zum Gehen. „Komm jetzt, unten ist Kaffeezeit."

Delfine

Da sie nun das Mahl gehalten hatten, spricht Jesus zu Simon Petrus: Simon, Sohn des Johannes, liebst du mich mehr, als mich diese lieb haben? Er spricht zu ihm: Ja, Herr, du weißt, dass ich dich lieb habe. Spricht Jesus zu ihm: Weide meine Lämmer!
Spricht er zum zweiten Mal zu ihm: Simon, Sohn des Johannes, hast du mich lieb? Er spricht zu ihm: Ja, Herr, du weißt, dass ich dich lieb habe. Spricht Jesus zu ihm: Weide meine Schafe!
Spricht er zum dritten Mal zu ihm: Simon, Sohn des Johannes, hast du mich lieb? Petrus wurde traurig, weil er zum dritten Mal zu ihm sagte: Hast du mich lieb?, und sprach zu ihm: Herr, du weißt alle Dinge, du weißt, dass ich dich lieb habe. Spricht Jesus zu ihm: Weide meine Schafe!
Wahrlich, wahrlich, ich sage dir: Als du jünger warst, gürtetest du dich selbst und gingst, wo du hinwolltest; wenn du aber alt bist, wirst du deine Hände ausstrecken und ein anderer wird dich gürten und führen, wo du nicht hinwillst. Das sagte er aber, um anzuzeigen, mit welchem Tod er Gott preisen würde. Und als er das gesagt hatte, spricht er zu ihm: Folge mir nach!

JOHANNES 21,15–19

Fatal verwhatsappt

Männer, die in einem Unternehmen angestellt sind, nennen andere Männer Kollegen. Klar. Man könnte sie einteilen in Vorgesetzte, Untergebene und Ranggleiche, aber so redet man vermutlich nur beim Militär.

Daneben oder darunter gibt es Konkurrenten, auch klar, die muss man im Auge behalten. Und Kumpel. Die muss man sich warmhalten. Privat gibt es Bekannte, gute Bekannte, Freunde und gute Freunde. Die sollte man ruhig mal aushalten, also ihnen hin und wieder „einen ausgeben". Könnte Jannik sagen, wenn er darüber nachdächte. Tut er aber nie. Egal, von wem er erzählt, beginnen seine Sätze mit „Neulich hat 'n Freund von mir ..."

Moni ist da vorsichtiger. Als „Freundin", also als echte, wahre, vertrauenswürdige Freundin, bezeichnet sie höchstens zwei Frauen. Clarisse und Jana. „Dafür gibts das Wort ‚Busenfreundin'", scherzt sie in entspannten Momenten. Die sind aber selten, weil Moni ansonsten eher unentspannt darüber nachdenkt, ob sie selbst im Umkehrschluss für Clarisse und Jana auch zu den zwei besten, einzigen, herzensnächsten Freundinnen gehört. Oder nur manchmal. Nicht unbedingt. Vielleicht gar nicht.

Deshalb war der Vertrauensbruch ja so eine Katastrophe. Die drei haben eine WhatsApp-Gruppe, klar. Jede von ihnen noch zwei Dutzend andere Chatgruppen, auch klar. Aber digital versippt und verschwägert sind sie außer bei WhatsApp auch auf Signal und Telegram, befreundet und befollowert bei Instagram und Facebook, rundmailgelistet beim Kirchenchor, beim Sportverein und im Elternbeirat. Wer da alles zu wem gehört und mitliest, gerät leicht in Vergessenheit. Dass Moni irrtümlich zu lesen bekam, was sie nie lesen sollte, war offensichtlich: Jana schrieb aus der Pilatesgruppe an Clarisse in ihre Wandergruppe: „Geht ihr zu Monis stinklangweiliger Geburtstagfete? Ich nicht. Schickt mal gute Ausreden!"

Clarisse antwortete sofort: „Die kriegt aber gute Kuchen gebacken. Nur den Job, die Kindererziehung und den Haushalt nicht", dahinter ein lachendes Emoji.

Moni zog es den Boden unter den Füßen weg. Ihr Puls raste. Zornesröte schoss ihr ins Gesicht, fast schwindelig und mit zitternden Knien ließ sie sich aufs Sofa fallen. So also denken die von mir! Dass sie diesen Text erhalten hatte, war ein Tippfehler, ganz sicher. Aber was sollte sie jetzt tun?

Jannik war telefonisch nicht zu sprechen und simste auf Monis Hilferuf zurück: „Sitze grade mit Freunden im Schwanen." Kumpel. Kollegen. Kunden. Männer bei der Happy Hour nach Feierabend, auch klar.

„Die Freundschaft appt etwas ab?", wollte Jannik witzeln, als er heimkam. Riet ihr aber jovial: „Lade die Tratschtanten aus, lösche ihre Kontaktdaten. Wir feiern nur mit den Großeltern oder fahren weg. Lieber ein Ende mit Schrecken als ein ..."

„... der Schrecken hat doch kein Ende, Menschenskind!", weinte Moni. „Clarisse hat nächsten Monat Geburtstag, Jana im Herbst, ich wollte demnächst zu Pilates und die Wanderer buchen gerade die Hütten. Man sieht sich immer zweimal im Leben."

In dem Moment klingelte das Telefon. Mit Janas Gesicht und Nummer auf dem Display. Sie sah zerknirscht aus.

„Geh ran!", sagte Jannik, „ich helf' Dir." Es klang arg autoritär, aber auch irgendwie ermutigend.

Denn ein Gerechter fällt siebenmal
und steht wieder auf, aber die Frevler versinken
im Unglück.

SPRÜCHE 24,16

Üben Sie Deutsch!

„Was für eine attraktive Schönheit!“ sagte keiner der Kollegen.

Dachten aber alle.

Als Shirinpari Zareianhashemi Koshro zum ersten Mal die Männerrunde im Konferenzraum betrat, knisterte die Luft vor unterdrückter Bewunderung. Jegliches Augenbrauenheben zu vermeiden, war Janniks erste Herausforderung. Vorsicht, Machoverdacht. Sein zweites Problem war, ihren Namen fehlerfrei auszusprechen. Sie hieß tatsächlich so, die neue Projektleiterin: Frau Schieri Paris Zara Leander Haschmich Kosovo oder so ähnlich.

Promovierte Wirtschaftsinformatikerin aus den USA, fünf Jahre bei der Softwarekonkurrenz dort drüben, jetzt in Janniks Firma. Sie zu fragen, woher sie „wirklich“ komme, wäre rassistisch. Also sorgten der Flurfunk und die Teeküche dafür, dass einem zu iranischen Frauen mehr einfällt als die Kaiserin Soraya oder die Märchenerzählerin Sheherazade aus Tausendundeiner Nacht.

Jannik übte. Tapfer. Frühmorgens beim Rasieren, laut vor sich hin: „Nein, nicht Sharon. Shirin! Und ‚pari pari‘ sagt man doch, wenn was fifty-fifty geteilt wird. Also noch mal ganz langsam ...“

„Übst du schon ihren Vornamen? Schau an!“, sagte seine Frau etwas spitz, als sie ins Bad kam. Jannik verdrehte die Augen.

„Wenn seit Jahren die Nachrichtenmoderatoren vom ZDF fehlerfrei ihre Kollegin Shakuntala Banerjee ansagen können, wieso muss ich dann jedes Mal aufs Blatt gucken, bevor ich die Dings, die, äh, die Neue jemandem vorstelle?!“

„Es ist zum Mäusemelken, zum Eierlegen, zum Haareraufen!“ Als die Dame vom Controlling dies in einem Meeting ausrief, guckte Frau Koshro irritiert. „Was heißt das?“, fragte sie.

„Das sieht man doch an den Zahlen!“ war die Antwort.

Die Iranerin aus Amerika meinte aber mehr das Mäusemelken und das Eierlegen.

Auch sie übte tapfer. Spätabends, samstags, sonntags. Mit der rigorosen Hartnäckigkeit einer Operndiva. Beim Busfahren und Einkaufen lauschte sie den Leuten ihre Sätze ab und kämpfte mit der Vieldeutigkeit deutscher Begriffe.

„Ich nehme an“ ist eine Vermutung. „Ich nehme ab“ ist eine Diät. „Ich nehme wahr“ ist ein Eindruck. „Ich nehme falsch“ gibt's nicht.

„Aufnehmen“ kann man ein Gespräch mit dem Diktiergerät, einen Flüchtling ins Land, einen Krümel vom Teppichboden, einen Gedanken in der Sitzung und einen Kredit von der Bank. Alles „aufnehmen“? Sie wollte verzweifeln.

„Ja, das muss man erstmal auf sich nehmen“, nickte Jannik. Es sollte ermutigend klingen.

Irgendwann ergab sich eine Autofahrt zu zweit. Gar nicht machomäßig eingefädelt, rein zufällig. Wirklich. Aus dem

Verkehrsfunk schnappte Frau Koshro das Wort „Umgehungsstraße“ auf. Warum es nicht „Umfahrungsstraße“ heißt, wollte sie wissen. Weil da meistens Stau ist und man im Gehen schneller wäre, dachte Jannik grimmig.

„Es gibt das Wort ‚umgehen‘“, erklärte er und betonte es auf der zweiten Silbe, „also einen Stau oder eine Baustelle umgehen. Und es gibt ‚umgehen‘, Betonung auf der ersten Silbe. Freundlich miteinander umgehen, verstehen Sie?“

Da! Ein Fahrradfahrer schwenkte zügig vom Radweg auf die Straßenmitte vor ihnen. Jannik bremste, fluchte ein Wort, das ausländische Führungskräfte nicht lernen sollten und Shirinpari atmete erleichtert auf:

„Verstehe. Wir müssen ihn umfahren. Umfahren!“ Sie betonte es auf der ersten Silbe.

„Nein!“, Jannik schüttelte lachend den Kopf. „Deutsch lernen ist wie Rad fahren lernen. Dass es zu jeder Regel ein paar Ausnahmen gibt, ist die Regel.“

„Right! Und ich denke: Sieben Mal hinfallen, jedes Mal aufstehen, das steht schon in der Bibel.“

„Da steht doch nichts über Deutsch lernen und Rad fahren!“

„Nein, aber über Geduld beim Üben.“

Denn wir sind gerettet auf Hoffnung hin. Die Hoffnung aber, die man sieht, ist nicht Hoffnung; denn wie kann man auf das hoffen, was man sieht? Wenn wir aber auf das hoffen, was wir nicht sehen, so warten wir darauf in Geduld. Desgleichen hilft auch der Geist unsrer Schwachheit auf. Denn wir wissen nicht, was wir beten sollen, wie sich's gebührt, sondern der Geist selbst tritt für uns ein mit unaussprechlichem Seufzen. Der aber die Herzen erforscht, der weiß, worauf der Sinn des Geistes gerichtet ist; denn er tritt für die Heiligen ein, wie Gott es will. Wir wissen aber, dass denen, die Gott lieben, alle Dinge zum Besten dienen, denen, die nach seinem Ratschluss berufen sind.

RÖMER 8,24–28

Lohnt sich Hoffnung?

Gaaanz ruhig bleiben. Zwei Fehler hat Leon schon gemacht und auf der Stirn seines Fahrlehrers neben ihm vertieft sich gerade eine Sorgenfalte. Den Prüfer auf der Rückbank sieht er nicht, der sitzt im toten Winkel des Innenspiegels. Blinker setzen, Schulterblick, Außenspiegel checken, Gegenverkehr durchlassen und – los! Zügig schießt Leon über den Zebrastreifen, den die Oma mit den Einkaufstüten just betreten wollte.

„Danke, das reicht."

Jetzt hört er den Prüfer.

Durchgefallen! Bei der praktischen Fahrprüfung durchgefallen! Tausende Euro im Eimer.

„Dann war ja alles umsonst", jammert Leon.

„Nee, umsonst nicht. Aber vergeblich", brummt der Fahrlehrer.

Zu Hause und in seiner Clique ließ sich die Pleite nicht verheimlichen. Leon, Kronzeuge seiner Selbstanklage („Ich könnt' mich ohrfeigen!"), traf auf Zeugen der Anklage („Peinlich wie ein Pups beim Yoga!"), wurde getröstet von Zeuginnen der Verteidigung („Alle machen Fehler, jeder verdient die zweite Chance."), hörte höchstrichterliche Plattitüden („Aufstehen, Krönchen richten, weitergehen!"). Aber Fakt war und blieb nun mal, dass vergebliche Hoffnungen nicht umsonst, sondern teuer sind. Gar nichts zu hoffen und anzustreben aber noch teurer würde.

Aus dieser Zwickmühle heraus – und weil er niemanden als sich selbst ohrfeigen konnte – übte Leon ein tiefes Misstrauen als Grundstimmung ein und hielt sich seine skeptischen Selbstzweifel als Realitätssinn zugute. Sympathischer machte ihn das nicht. Nur Sabrina aus der Parallelklasse störte das nicht. Im Gegenteil. Sie lud ihn zu einer Tour nach Avignon ein. Hatte schon einen Führerschein und hin und wieder Papas Auto, aber auch eine Fünf in Französisch.

Sie parkten in einer Platanenallee voller grünlich kahler Bäume und rotblau leuchtender Halteverbotsschilder.

„Was steht auf dem weißen Zusatzschild darunter?“, wollte Leon wissen. „Hoffentlich eine Ausnahmeregelung“ lachte sie, schloss den Wagen ab und ging Richtung Café.

Leons Übersetzungs-App war mit dem Juristensprech der französischen Straßenverkehrsordnung überfordert. Kopfschüttelnd trottete er ihr hinterher.

„Stell dir vor, du wärst ein Baum“, fing Sabrina an, „was würdest du für die Zukunft erwarten?“

Leon zuckte mit den Schultern.

„Im November ist noch nicht zu seh'n …“, sie rezitierte mit erhobener Stimme offenbar eine Songzeile, „dass im Frühjahr hier die Bäume blüh'n, / dass nach Schnee und Eis der Weizen sprießt. / Wer nicht glaubt, wer nicht hoffen kann, / ist kein Realist.“

Als sie zum Auto zurückkamen, klemmte kein Knöllchen unterm Scheibenwischer.

Hoffnung

Aber wird man nicht die Hand ausstrecken
unter Trümmern und nicht schreien in der Not?
Weinte ich nicht über den, der eine schwere Zeit hat,
grämte sich meine Seele nicht über den Armen?
Ich wartete auf das Gute, und es kam das Böse;
ich hoffte auf Licht, und es kam Finsternis.
In mir kocht es und hört nicht auf; mich haben
überfallen Tage des Elends.
Ich gehe schwarz einher, doch nicht von der Sonne;
ich stehe auf in der Gemeinde und schreie.
Ich bin ein Bruder der Schakale geworden und
ein Geselle der Strauße. Meine Haut ist schwarz
geworden und löst sich ab von mir, und meine
Gebeine verdorren vor Hitze. Mein Harfenspiel ist
zur Klage geworden und mein Flötenspiel zum
Trauerlied.

HIOB 30,24–31

Richtig übel auf hohem Niveau

Falls Leons Kumpel ihre tollen Instagram-Postings und TicToc-Schnipsel nicht vor computergenerierten Hintergründen fotografiert hatten, sondern echt und tatsächlich dort chillten, wo sie zu chillen vorgaben, dachte Leon: Wow! Als gäbe es noch die Work-and-Travel-Weltreisenden in seinem Alter. Nach dem mittelmäßigen Abi und dem Beginn seines FSJ im Krankenhaus meinte er, müsse es doch ganz easy gehen, mit Sabrina wenigstens in den Wochen dazwischen mal raus, mal weg, mal irgendwohin zu fahren, oder?

Das geht auch ganz easy, hatte sie ihm versichert und mit rasenden Daumen Super-Sparpreis-Tickets der Bahn, Billigflüge hin und zurück sowie ein „ganz okayes" Hostel gebucht. Nicht zu weit weg wegen der CO_2-Flugscham, nicht zu prollig wegen ihrer besorgten Eltern, nicht zu spießig wegen der Erzählbarkeit auf Facebook, und nicht zu teuer wegen des Geldbeutels und der Neider.

Ihren Hinflug verpassten sie, weil der Zug Verspätung hatte. Wenn auch Lokführer und Zugchefinnen mit der Bahn zur Arbeit fahren, bleibt halt viel Arbeit liegen. Beziehungsweise stehen. Stehen blieb auch Sabrinas Koffer beim nächstmöglichen Abflug zwei Tage später. Wer aber nicht da schläft, wo er wollte, zahlt dort trotzdem, was er sollte. Und bekommt ein schlechteres Zimmer: Mit Fenster über einer Metzgerei. Ab sechs Uhr früh von stechendem Fleischgeruch wach zu werden, versetzte die vegane Sabrina in so schlechte Laune, dass sie auch sonst nichts unbemeckert ließ. Ihren Lover Leon zum Beispiel. Der nörgelte bissig zurück und legte sich irgendwann lieber allein an den Strand. Mehrmals.

In gereizter Atmosphäre tagsüber geschlossene Sehenswürdigkeiten und abends ausgebuchte Restaurants vorzufinden, verhinderte nachts, was sich beide erhofft hatten: Sex! Ermüdet vom ständigen Streiten und wieder Vertragen ergab sich kaum was.

Drei Stunden vor dem Abflug nach Hause erfuhren sie, das Handgepäck koste neuerdings extra. Zwei Stunden vor Abflug, der Sicherheitscheck könne länger dauern. Eine halbe Stunde vorher, am Gate, ihr Flug gehe leider erst morgen früh.

Die Nacht zu zweit auf drei Plastikstühlen. Der Blasendruck bei vier Toiletten für fünfhundert Wartende. Die überteuerten Getränke und Snacks. Aber nichts davon war so niederschmetternd wie die Ansage des Chefstewards, als sie endlich an Bord saßen: „Willkommen auf unserem Flug nach Berlin!“ Da wollten sie gar nicht hin. Keiner der Passagiere wollte das. Warum Personalmangel am Boden zu Routenänderungen in der Luft führt, erklärt einem die Homepage der Airline nicht.

Um halb zwei morgens im deutschen Nieselregen, zu zweit allein vor dem sagenumwobenen Flughafen BER, las Leon auf seinem Handy, bald käme ein Nachtbus zum Hauptbahnhof. Dort hinten wahrscheinlich, im Dunkeln. Unter dem Dach der vermüllten Bushaltestelle drei bullige Männer, die aussahen, als wohnten sie da. Erst schauten sie hochinteressiert zu Sabrina herüber, dann nickten sie einander einvernehmlich zu. Das war der Moment. Die Sekunde, als Sabrina explodierte. Als sie ihren Rucksack zu Boden warf, schrie, weinte und losrannte. Zurück in die Abflughalle. Und das tat, was sie sich vorgenommen hatte, nie zu tun: „Papa?? Wir ... ja, ich weiß, wie spät es ist ... wir sind am Arsch. Total. In Berlin. Warum? Ja, warumwarum!! Ich hab' solche Angst ..."

Da wurde Jesus vom Geist in die Wüste geführt, damit er von dem Teufel versucht würde. Und da er vierzig Tage und vierzig Nächte gefastet hatte, hungerte ihn. Und der Versucher trat herzu und sprach zu ihm: Bist du Gottes Sohn, so sprich, dass diese Steine Brot werden. Er aber antwortete und sprach: Es steht geschrieben: „Der Mensch lebt nicht vom Brot allein, sondern von einem jeden Wort, das aus dem Mund Gottes geht."
Da führte ihn der Teufel mit sich in die heilige Stadt und stellte ihn auf die Zinne des Tempels und sprach zu ihm: Bist du Gottes Sohn, so wirf dich hinab; denn es steht geschrieben: „Er wird seinen Engeln für dich Befehl geben; und sie werden dich auf den Händen tragen, damit du deinen Fuß nicht an einen Stein stößt."
Da sprach Jesus zu ihm: Wiederum steht auch geschrieben: „Du sollst den HERRN, deinen Gott, nicht versuchen."
Wiederum führte ihn der Teufel mit sich auf einen sehr hohen Berg und zeigte ihm alle Reiche der Welt und ihre Herrlichkeit und sprach zu ihm: Das alles will ich dir geben, wenn du niederfällst und mich anbetest. Da sprach Jesus zu ihm: Weg mit dir, Satan! Denn es steht geschrieben: „Du sollst anbeten den HERRN, deinen Gott, und ihm allein dienen."
Da verließ ihn der Teufel. Und siehe, da traten Engel herzu und dienten ihm.

MATTHÄUS 4,1–11

Ungeahnte Versuchungen

Die Grillkohle raucht wie ein alter Fabrikschornstein. Hermann hat die schwarzen Bröckchen in eine Feuerschale gehäuft, die an zwei Ketten in einem mannshohen eisernen Dreibein hängt. Auf dem Rost über dem Feuer werden nachher Schweinesteaks gegrillt. Als er das erste Bier zischt und sich „die Zigarette davor“ anzündet, wie er sie nennt, deckt Moni Geschirr auf den Terrassentisch.

„So, so. CO_2-Ausstoß statt Elektrogrill, fettes Fleisch statt Gemüse, dazu Alkohol und Nikotin – mehr mutwillige Unvernunft geht nicht, oder? Ein Sprung vom Balkon wäre kaum gefährlicher.“

Sie lächelt dabei. Es soll nicht angriffig klingen, schließlich sind sie und Jannik bei den Eltern eingeladen.

„Ich esse doch vierzig Tage nur vegan“, hatte sie auf die Einladung erwidert, „und ist es im März nicht zu kalt für draußen?“

„Weiß man's? Klimawandel! Im Sommer regnet's wie Sau“, appte ihr Vater zurück.

Also gut, sie waren hier. Aber Moni würde eisern Äpfel essen und Gurkensmoothie trinken.

„Ab siebzig sollte man jeder Versuchung erliegen. Wer weiß, ob noch mal eine kommt“, grinst Hermann zurück, „alte

Leute lassen sich von ungesundem Essen verführen wie junge Leute von unerlaubtem Sex. Was ist gefährlicher, hm?“

Auch das soll nicht angriffig klingen, aber Monis Mann hat es durch die offene Terrassentür gehört. Ob sein Schwiegervater was mitgekriegt hat, damals? Keine echte Affäre, nein, aber Janniks kurze Herzenswärme für eine hippe Auszubildende hatte für lange Beziehungskälte in seiner Ehe gesorgt. Tapfer widerstanden hatte er der Verlockung nur, weil er nicht als notgeiler #MeToo-Idiot dastehen wollte. Die emsige Azubiene ließ sich dann auf anderen Blüten nieder.

„Deine Mutter, liebe Moni, schwärmte vor Jahren mal für einen langweiligen Konzertpianisten. Ich dachte, bei dem schläft nur das Publikum ...“

Hermann legt drei Steaks, groß wie Topflappen, auf die inzwischen heruntergebrannte Glut. Jannik bringt eine Armbeuge voll Saucenflaschen aus der Küche und unterbricht ihn: „Erzähl' lieber mal, was dich heute verführt. Dich! Und heute. Als Mittsiebziger.“ Jannik will das heikle Thema Erotik beenden. Moni bemerkt es. Ihr Vater lässt sich in den Campingstuhl plumpsen und legt die Grillzange zur Seite.

„Macht.“

„Hä?“, die beiden fragen es fast gleichzeitig.

„Die Versuchung zur Macht, ja doch. Bis ins kleinste Detail dafür zu sorgen, dass alles exakt so ist und so bleibt, wie ich es haben will. Kontrollfreak sein. Der Allesbestimmer in unserem kleinen Reich, versteht ihr?“

„Die dünnen zwei sind durch, glaub' ich“, wirft Moni beim Blick auf den Schwenkgrill ein. Wie oft hatte Mama über das dickköpfige Beharrungsvermögen ihres Mannes gemeckert. Seine selbstkritische Offenheit heute ist erstaunlich.

„Ich sitze nicht in irgendwelchen Vereinsvorständen, Stiftungsräten und Gremien, ich herrsche zu Hause genug. Würde Hedwig jetzt sagen. Das ist meine Versuchung, sachichma."

„Und widerstehen würdest du ihr, wenn ...?"

Jannik kippt zu viel Chilisauce über sein Steak und schaut Hermann auffordernd an. Der öffnet eine zweite Bügelflasche.

„... wenn ich auf geänderte Regeln für Rentner, verschobene Termine, neue Apps im Handy oder spontane Unterbrechungen meines Tagesablaufs nicht gleich so wütend reagieren würde wie ..." Er nimmt einen Schluck.

Wie Putin auf seine Kritiker, denkt Jannik.

„... wie ein konservativer Machthaber. Flexibelwerden muss man aber üben. Der Teufel steckt halt im Detail, wie bei jeder Versuchung. Prost."

Hedwig kommt dazu, endlich. Sie balanciert auf jeder Hand eine riesige Torte unter den Abdeckhauben. „Entschuldigt meine Verspätung, die Schlange beim Konditor stand bis auf den Bürgersteig. Zwei Schwarzwälder Kirsch, die zweite zum halben Preis. Weil sie gleich schließen. Ich konnte nicht widerstehen."

Hermann grinst, heller als die Sonne am Himmel: „Jeder übergewichtige Mensch weiß, dass der Machtkampf mit sich selbst der schwierigste ist, stimmt's, Hedwig?"

So zog Abram herauf aus Ägypten mit seiner Frau
und mit allem, was er hatte, und Lot mit ihm
ins Südland. Abram aber war sehr reich an Vieh,
Silber und Gold. Und er zog immer weiter
vom Südland bis nach Bethel, an die Stätte,
wo zuerst sein Zelt war, zwischen Bethel und Ai,
eben an den Ort, wo er früher den Altar errichtet
hatte. Dort rief er den Namen des HERRN an.
Lot aber, der mit Abram zog, hatte auch Schafe und
Rinder und Zelte. Und das Land konnte es nicht
ertragen, dass sie beieinander wohnten; denn ihre
Habe war groß und sie konnten nicht beieinander
wohnen. Und es war immer Zank zwischen den Hirten
von Abrams Vieh und den Hirten von Lots Vieh.
Es wohnten auch zu der Zeit die Kanaaniter und
Perisiter im Lande. Da sprach Abram zu Lot:
Es soll kein Zank sein zwischen mir und dir und
zwischen meinen und deinen Hirten; denn wir
sind Brüder. Steht dir nicht alles Land offen?
Trenne dich doch von mir! Willst du zur Linken,
so will ich zur Rechten, oder willst du zur Rechten,
so will ich zur Linken.
Da hob Lot seine Augen auf und sah die ganze
Gegend am Jordan, dass sie wasserreich war.
Denn bevor der HERR Sodom und Gomorra vernichtete,
war sie bis nach Zoar hin wie der Garten des HERRN,
gleichwie Ägyptenland. Da erwählte sich Lot
die ganze Gegend am Jordan und zog nach Osten.
Also trennte sich ein Bruder von dem andern.

1. MOSE 13,1–11

Abstandsregeln ins Lot bringen

Den Vortritt gelassen hatte Hermann seiner Hedwig immer schon. Alte Schule, Benimmregeln Knigge. In den Mantel helfen, Autotür aufhalten, so Sachen halt.

„Willst du zur Linken, geh' ich zur Rechten", wie der biblische Abram es seinem Neffen Lot angeboten hatte – das wollten sie politisch nicht und konnten es räumlich nicht: Corona-Lockdown auf siebzig Quadratmetern. Kein Spielraum, nirgends. Immer zu Hause, allein zu zweit, jeden Tag. Hermann hatte befürchtet, das würde nicht lange gutgehen. Also lange schon, aber nicht gut.

Gewiss, es gab die vielgepriesene Entschleunigung, den süßen Müßiggang beinahe völliger Termin- und Pflichtenlosigkeit. Lustige Rommee- und Canasta-Turniere am Abend, auch mal Brettspielklassiker und Kniffel. Aber Hedwig guckte jetzt ganztägig Fernsehen und hing am Handy, als hinge ihre Gesundheit davon ab. Es ihr wegnehmen und die Glotze einfach ausschalten? Lebenserhaltende Apparate? Von der Patientenverfügung her wäre das rechtlich möglich gewesen. Hermann tat es trotzdem nicht.

Hedwig las viel. Auch im tagesaktuellen Gesicht ihres Gatten. Der alte Mann und das Mehr. Mehr Haushaltstätigkeiten, die zwar gendergerecht arbeitsteilig, aber nie unbeobachtet erledigt wurden. Erst recht nicht unkommentiert.

Sie: „Warum kannst du die Spülmaschine nur krachend ausräumen?"

Er: „Wie oft stehst du ohne Mundschutz vorm Supermarkt und ohne Schlüssel vor der Haustür?"

Sie: „Wann merkst du, dass Klopapier kein nachwachsender Rohstoff ist?" Beide: „Wer hat die Dachfenster offengelassen, als der Starkregen losbrach?"

Sie waren irgendwie empfindsamer und dünnhäutiger geworden. Der sprichwörtliche Geduldsfaden und die berühmte Hutschnur kürzer. Die Enkelkinder – oft und gern zu den Großeltern geflohen – liebten sie für ihre souveräne Altersgelassenheit, ihre ruhige Toleranz, die gütige Nachsichtigkeit. Und ahnten ja nicht, wie schnell sich das in giftige Nörgelei verwandelte, sobald die beiden miteinander allein waren.

Lang war die Liste, was sie „jetzt endlich mal" tun konnten: Dachboden entrümpeln, Urlaubsdias digitalisieren, Elektroschrott wegbringen. Und gesünder kochen! Hermann goss Öl in die Pfanne und rührte die Sahnesauce auf dem Herd an.

„Hast du die Waschmaschine ausgeräumt?", tönte es aus dem Wohnzimmer.

„Yep! Und den Trockner befüllt."

Da passierte es: Im Wäschekeller klopfte der rotierende Tümmler donnernd gegen die Waschmaschine, Hermann rannte hinunter ins Halbdunkel des Kellers, stürzte in ein Fahrrad, das noch nie dort gestanden hatte („Fahrräder putzen" stand auch auf der Liste), während oben auf dem Herd das heiße Öl rauchte und die Sahnesauce blitzschnell überkochte. Hinterhältig, wie erhitzte Milchprodukte so sind. Hedwig war aufgesprungen, Ladekabel und Smartphone am

Handgelenk, hatte panisch Topf und Pfanne weggezogen und dabei ihr Handy auf die glühendrote Herdplatte geschubst. Es stank bestialisch. Nach verbrannter Sahne, nach heißem Fett und geschmolzener Plastikhülle.

„Welcher Idiot hat das Fah …", weiter kam Hermann nicht, als er die Küche betrat. Hedwig riss ein Fenster nach dem anderen auf. Der Trockner im Keller schwieg. Hedwig nicht: „Du – ganztägig zu Hause am Herd – bist gefährlicher als jedes Virus!"

Hermann zog sich einen Stuhl heran und sank darauf nieder.

„Tut mir wahnsinnig leid, Schatz. Ich finde, wir brauchen auch Abstandsregeln für zu Hause."

Und die Ägypter jagten ihnen nach, alle Rosse und Wagen des Pharao und seine Reiter und das ganze Heer des Pharao, und holten sie ein, als sie am Meer bei Pi-Hahirot vor Baal-Zefon lagerten. Und als der Pharao nahe herankam, hoben die Israeliten ihre Augen auf, und siehe, die Ägypter zogen hinter ihnen her. Und sie fürchteten sich sehr und schrien zu dem HERRN und sprachen zu Mose: Waren nicht Gräber in Ägypten, dass du uns wegführen musstest, damit wir in der Wüste sterben? Warum hast du uns das angetan, dass du uns aus Ägypten geführt hast? Haben wir's dir nicht schon in Ägypten gesagt: Lass uns in Ruhe, wir wollen den Ägyptern dienen? Es wäre besser für uns, den Ägyptern zu dienen, als in der Wüste zu sterben. Da sprach Mose zum Volk: Fürchtet euch nicht, steht fest und seht zu, was für ein Heil der HERR heute an euch tun wird. Denn wie ihr die Ägypter heute seht, werdet ihr sie niemals wiedersehen.

2. MOSE 14,9–13

Siehste!

„Er nimmt meinen Ärger gar nicht ernst!“, sagt Moni.

„Woran merkst du das?“, fragt ihre Freundin.

„Weil er mich mit Dackelblick anschaut, dabei grinst, und statt einer Antwort ein blödes Gedicht aufsagt.“

„Was für'n Gedicht?“

„Glücklich ist der Pessimist, / wenn was schiefgegangen ist. / Ist die Welt auch noch so schlecht, / mein Trost bleibt: Ich hatte recht!“

Monis Freundin versteckt ihr Schmunzeln hinter der Cappuccinotasse, die sie zum Mund hebt. Jetzt hat sie ein Milchschnäuzerchen über der Oberlippe.

„Na und? Ist doch ironisch gemeint. Sogar selbstironisch.“

„Trotzdem. Es nervt halt. Rutschen den Kindern zerbrechliche Gegenstände oder gefüllte Gläser aus den Händen, hat er es ja kommen sehen. Verbrennen Steaks auf dem Grill, hatte er ‚so was Ähnliches schon befürchtet‘. Geht mein Hefekuchen im Backofen nicht auf, kommt ein ‚War ja nicht anders zu erwarten!‘ Ist die Stromrechnung mal höher, sagt er ‚Siehste, siehste, siehste!‘“

„Und was sagt er, wenn alles gut ging?“

„‚Hätt' ich nicht gedacht.‘“

Mit einer auffordernden Kopfbewegung winkt Moni den Kellner herbei.

„Zweckpessimismus ist Enttäuschungsprophylaxe", sagt ihre Freundin und angelt nach der Handtasche unterm Tisch.

„Hä?"

„Na ja: Wer immer das Schlimmste befürchtet, kann nie enttäuscht, sondern nur positiv überrascht werden. Deshalb ist er schon mal vorsorglich übellaunig."

„Du meinst …?" Moni überfliegt den Kassenbon und zieht zwei Geldscheine aus ihrem Portemonnaie, „…du meinst, seine Befürchtungen sind eine Art Trick siebzehn zur Selbstüberlistung, damit er beruhigt und erleichtert sein kann, wenn etwas gut gelaufen ist und schön war?"

Ihre Freundin nickt: „Das Blöde ist nur: So ein Zweckpessimist wie dein Mann freut sich weniger über die gute und schöne Sache an sich, sondern er staunt lediglich, dass seine Schwarzmalerei widerlegt wurde. Das ist, entschuldige, nur die halbe Freude und eine ziemlich ichbezogene obendrein."

Moni nickt. Der Kellner kassiert und räumt das Geschirr ab.

„Aber bis sich das herausstellt, dass etwas gelungen ist, verbreitet er vorbeugend miese Stimmung! Das ärgert mich."

Die beiden stehen auf. Moni fingert durch ihre Geldbörse: „Mein Parkschein für die Tiefgarage …"

Er ist weg. Nirgends. Unauffindbar.

„Hab ich vorhin statt des Kassenbons mein Ausfahrtticket auf dem Tisch liegen lassen?! Oder steckte es zwischen den Scheinen?" Moni kramt hektisch alle Taschen durch.

Ihre Freundin schüttelt den Kopf: „Das hätte der Kellner gemerkt. Aber weißt du was …?", ein verschmitztes Zwinkern huscht ihr übers Gesicht, „...wir gehen jetzt mal ganz unpessimistisch zum Auto und gucken zuversichtlich, ob du das Parkhauskärtchen beim Reinfahren einfach ...“

Bingo. Auf dem Armaturenbrett! Hell strahlt es durch die spiegelnde Windschutzscheibe. Monis Freundin lacht: „Siehste, siehste, siehste!“

Meine Seele ist stille
zu Gott, der mir hilft.
Denn er ist mein Fels, meine Hilfe, mein Schutz,
dass ich gewiss nicht wanken werde.
Wie lange stellt ihr alle einem nach,
wollt alle ihn morden,
als wäre er eine hangende Wand
und eine rissige Mauer?
Sie denken nur, wie sie ihn von seiner Höhe
stürzen,
sie haben Gefallen am Lügen;
mit dem Munde segnen sie,
aber im Herzen fluchen sie. Sela.
Aber sei nur stille zu Gott, meine Seele;
denn er ist meine Hoffnung.
Er ist mein Fels, meine Hilfe und mein Schutz,
dass ich nicht wanken werde.
Bei Gott ist mein Heil und meine Ehre,/
der Fels meiner Stärke,
meine Zuversicht ist bei Gott.

PSALM 62,2–8

Aussicht auf Verlässlichkeit

„Woran erkennt man einen optimistischen Dachdecker?“ Der Gruppenkasper seiner Abteilung und Janniks weitere Kollegen sitzen auf den Tischen und stehen um die Stühle des vollverglasten Konferenzraums. Höhenblick über die ganze Stadt, aber beim ersten Sonnenstrahl warm wie ein Gewächshaus. Kaffeepause. Schlipsknoten lockern.

„Wenn er vom achtzehnten Stock runterfällt und am dritten vorbeifliegt, sagt er: ‚Och, bis jetzt ist alles gutgegangen!‘“

Mildes Gelächter in der Runde. Man setzt sich. Die Dame vom Controlling will die elektrischen Jalousien runterlassen – sie klemmen. Der Raum bleibt lichtdurchflutet. Ihre Powerpointfolien sind unlesbar blass, sie spricht zu leise, sie schlussfolgert zu schnell – Janniks Gedanken schweifen ab. Zweckoptimismus – das Wort geht ihm nicht aus dem Kopf. Naives Schönreden einer grausamen Aussichtslosigkeit. Dachdecker und Gebäudereiniger genießen wahrscheinlich nicht die schöne Aussicht, sondern prüfen die Zuverlässigkeit ihrer Sicherungsgurte, oder?

Die Finanz- und Bilanzfrau am Kopf der Sitzungstische sagt oft „abbilden“, „darstellbar“ und „so gesehen“. Oder auch „perspektivisch“, „mit Blick auf...“ und „realistisch“.

Jannik starrt durch die Fensterfront an den Frühlingshimmel und sieht vor seinem geistigen Auge immer noch den abstürzenden Zweckoptimisten. Ganz langsam schreibt, nein, malt er auf seinen Notizblock: „Worauf – verlässt – die sich – eigentlich?“

Sein Sitznachbar rechts von ihm, der Witzbold, schielt auf das Blatt, dreht sich zu Jannik und flüstert: „Ist dir zu heiß? Auf die nackten Fakten natürlich. Auf die Zahlen ...“

„... die wir hier schlecht lesen, auch sonst nicht nachprüfen können, ihr also glauben müssen!“, zischelt Jannik zurück. Beinah trotzig kritzelt er das Wort „Zuverlässigkeit“ aufs Papier. Mit zwei fetten Fragezeichen. Grinsend malt sein Kollege mit schwarzem Edding darunter: „Zuversicht + x = optimistischer Realismus“.

„Wer ist x?“, fragt Jannik. Eine Spur zu laut.

Zuve

ässigkeit

Von der sechsten Stunde an kam eine Finsternis über das ganze Land bis zur neunten Stunde.
Und um die neunte Stunde schrie Jesus laut:
Eli, Eli, lama asabtani? Das heißt: Mein Gott, mein Gott, warum hast du mich verlassen?

MATTHÄUS 27,45–46

Wenn plötzlich nichts ist

Am Donnerstag blätterte sie die Kochbücher durch. Vegan, vegetarisch, Fisch, Huhn, Rind, treudeutsch oder neuexotisch? Schrieb eine lange Einkaufsliste, unterteilte sie dann in vier kurze; fürs strategische Einkaufen: Was bekommt man wo, wer hat es billiger als dort und wo gibts das besser als da?

Einen Putzplan notierte sie auch. Essigreiniger im Bad, Möbelpolitur im Wohnzimmer, Scheuermilch in der Küche. Nicht verwechseln. Und Weichspüler für die Gästehandtücher.

Was für ein Wiedersehen nach drei Coronajahren würde das werden! Mit den zwei liebenswertesten Leuten, die sie kannte. Lang ersehnt. Endlich in Ruhe ausgiebig quatschen. Mit seiner Hilfe hatte sie im Studium gebüffelt und den Master gemacht. Mit ihrer Hilfe hatte sie ihre erste Arbeitsstelle gefunden. Von beiden fühlte sie sich seelisch aufgefangen, als sie von den krassen Medikamenten so aufgedunsen wurde. Über hundert Kilo. Lieber dick als Dialyse. Oder tot.

Am Freitag bezog sie schon mal die Betten im Gästezimmer, bügelte Tischdecken, räumte Krimskrams weg, saugte noch mal durch. Dann fuhr sie los. Dies beim Discounter, jenes im Hofladen, das meiste von der Getränkerampe, manches von der Vinothek. Schleppte alles hoch, packte aus, sortierte den Verpackungsmüll. Bier und Prosecco kaltstellen, Rotwein nicht, Fleisch in Öl einlegen, Platz im Kühlschrank schaffen. Abends Kuchen backen. Krimi leise gucken, weil ja der Backofen irgendwann piept.

Nein, das ewige Insta-Geposte und Facebook-Geplauder kann ein gemeinsames Wochenende doch nicht ersetzen. Zusammen abhängen, sorglos ungesunde Leckereien futtern. Über Bücher, Filme, Konzerte reden. Wirklich Relevantes austauschen, persönlich Wichtiges ansprechen. Wie hat sie sich damals verstanden gefühlt, von beiden, in ihren Trennungskrächen und nach der Scheidung!

Samstagmorgen Blumen holen, Tisch dekorieren, Duftkerzen platzieren, Kaffeeautomat reinigen und füllen. Samstagnachmittag Gemüse schnippeln, Zutaten bereitstellen, Saucen und Dips rühren, Hauptgang vorkochen, Desserts herrichten. Dann Haare waschen, umziehen, schminken, Playlist kontrollieren, Auto woanders hinstellen, um ihren Gästen den Parkplatz zu überlassen.

Samstagabend um sechs. Alles picobello. Alles geschafft.

Sie wartet.

Es wird halb sieben. Wahrscheinlich Stau. Aber warum appen sie dann nicht, was das Navi neu errechnet?

Sie knipst die Lampen an, entzündet die Kerzen, Das Esszimmer leuchtet.

Verkehrsfunk hören. Vollsperrung irgendwo? Nö.

Wenn sie jetzt anruft und „Wo bleibt ihr?“ fragt, ist das aufdringlich, oder? Wirkt meckrig wie von Mutti. Sie appt stattdessen was Lustiges. Es kommt kein Häkchen, es wurde nicht gelesen. Sie stellt die Gläser auf dem Tisch ein bisschen anders hin, faltet die Servietten, macht alle Herdplatten aus, stellt den Salat in den Kühlschrank zurück. Und wartet.

Acht Uhr. Tagesschau gucken, aber Türglocke nicht überhören.

Ihre Social-Media-Kanäle, alle Messenger-Apps nochmal zurückscrollen.

Hat sie eine Terminabsage übersehen? Eine Sprachnachricht nicht aufgerufen? Ist heute überhaupt heute??!

Jetzt ruft sie doch an. Erst bei ihr – keiner da. Dann bei ihm – Anrufbeantworter.

Sie blickt aus dem Fenster, linst durch den Türspion, setzt sich aufs Sofa, steht wieder auf, kommt sich idiotisch vor. War ihre Einladung spießig? Macht man das nicht mehr so? Du triffst dich beim Italiener und fertig? Käffchen bei Starbucks reicht völlig?

Neun Uhr. Vielleicht hat sie die Freundschaft immer schon überschätzt.

Gehört sie, die korpulente Nierenkranke ohne Lover, inzwischen zu den etwas peinlichen Bekannten? Oder haben die beiden womöglich Kontakt zu ihrem Ex aufgenommen? Oder ist irgendwas Blödes vorgefallen und sie hat's nicht gemerkt? So lange und so völlig still saß sie seit Jahren nicht mehr in ihrer Wohnung herum. In der Küche knackt es, wenn der Backofen abkühlt.

Zehn. Sie legt das Handy weg, steht auf, macht die Kerzen und Lampen aus, löst ihre Steckfrisur. Soll das ganze Essen doch vergammeln. Sie räumt jetzt nichts mehr ab, sie geht ins Bett. Einschlafen kann sie natürlich nicht. Dafür ist Verlassenwerden zu demütigend.

Moni wacht mit einem erstickten Schrei auf und rüttelt Jannik an der Schulter. „Fürchterlich, Schatz, ganz schrecklich. Ich hab geträumt, wir hätten Viktorias Einladung heute Abend vergessen. Nicht abgesagt, einfach vergessen!"

Sie wartet.

Bittet, so wird euch gegeben; suchet, so werdet ihr finden; klopfet an, so wird euch aufgetan. Denn wer da bittet, der empfängt; und wer da sucht, der findet; und wer da anklopft, dem wird aufgetan. Oder ist ein Mensch unter euch, der seinem Sohn, wenn er ihn bittet um Brot, einen Stein biete? Oder der ihm, wenn er ihn bittet um einen Fisch, eine Schlange biete? Wenn nun ihr, die ihr doch böse seid, dennoch euren Kindern gute Gaben zu geben wisst, wie viel mehr wird euer Vater im Himmel Gutes geben denen, die ihn bitten!

MATTHÄUS 7,7–11

Brot statt Steine geben

„‚Erst halb vier?' Nancy wacht neuerdings immer früher auf.

‚Blasendruck?', brummt ihr Mann und dämmert sofort wieder weg.

‚Nee, Grübelstau', hätte sie am liebsten geantwortet. Was ist mit ihrem Jungen los? Warum jeden Morgen dieses Affentheater, bis er zur Schule geht? Wovor hat er Angst? Was bedrückt das Kind?"

Moni kann wirklich toll vorlesen, findet Jannik. An einem regnerischen Sonntagnachmittag wie heute – Tamino ist bei den Großeltern – hat er endlich Zeit und Lust, seiner Frau einen oft geäußerten Wunsch zu erfüllen: sich gegenseitig vorlesen. Also Kinderbücher miteinander vorab- und probezulesen, um gemeinsam zu entscheiden, ob sie „was sind" für den Jungen. Ob sie noch was sind oder schon was sind, ob sie pädagogisch was sind – Moni war es irgendwann leid, immer allein der Bildungsfilter ihres Sprösslings zu sein. Jetzt, endlich mal, liegt Jannik auf dem Sofa und lauscht:

„Sie schlüpft unter der Bettdecke hinaus, setzt behutsam ihre Füße auf jene Stellen des Dielenbodens, die nicht knarzen, und geht aufs Klo. Wenn sich Hirn und Herz auch so einfach erleichtern ließen! Sie entzündet den Kienspan, schleicht in die Küche, klemmt das brennende Hölzchen in die eiserne Halterung und setzt sich. Was raucht ihrem kleinen Thomas durchs Gemüt, wenn er minutenlang in die Flamme stiert? Wenn er nichts sagt, nicht spielt, immer nur lesen will? Hat sie etwas falsch gemacht, als er …? Sie geht in Gedanken viele Situationen durch, in denen sie anders hätte reagieren können. Was soll aus dem Jungen werden? Kiesgrubenarbeiter wie sein Vater bestimmt nicht."

„19. Jahrhundert, oder? Meinst Du, Tamino versteht, was ein Kienspan ist?"

Moni nimmt einen Schluck kalt gewordenen Tee, nickt zuversichtlich und liest weiter:

„‚Das hat mir die Lehrerin für dich mitgegeben', nuschelt Thomas beim Nachhausekommen und überreicht ihr den mit rotem Siegellack verschlossenen Umschlag. Nancy schießt Hitze ins Gesicht. Der Siebenjährige wundert sich, warum Mama gleich zwei – immerhin teure – Wachskerzen anzündet, um besser lesen zu können. ‚Lies vor!', bittet er seine Mutter.

‚Sehr geehrte Mrs Edison, Ihr Sohn Thomas Alva hat eine so schnelle Auffassungsgabe, kann so gut rechnen und schreiben, hat so vieles schon selbst gelesen, dass ich – auch im Interesse weniger begabter Kinder – Sie bitten muss, ihren Jungen bei sich daheim zu unterrichten. Er braucht ab sofort nicht mehr in die Schule zu gehen.'"

Jannik richtet sich auf, kräuselt die Stirn, schaut fragend zu Moni. Die schüttelt den Kopf mit strahlenden Augen, hält den ausgestreckten Zeigefinger vor die Lippen und verändert ihre Stimme ins Sachliche, spricht plötzlich nicht wie eine Märchentante, sondern wie eine Rundfunksprecherin:

„Thomas Alva Edison wurde jener Ingenieur, der die Glühbirne erfand und ganze Städte elektrifizierte. Das von ihm entwickelte Duplex-Telegrafengerät ermöglichte erstmalig Hin- und Rücknachrichten über ein und dasselbe Kabel. Damit wurde er zum Pionier der Telefontechnik. Als Nancy 1847 stirbt, ist Thomas 24 Jahre alt. Bei der Haushaltsauflösung findet er den vergilbten Brief seiner Lehrerin. Versonnen lächelnd öffnet er ihn und liest: ‚Sehr geehrte Mrs Edison, Ihr Sohn Thomas Alva hört nicht, was man ihm sagt, schaut träumend aus dem Fenster, kann weder rechnen noch schreiben und erzählt erfundene Geschichten. Ich muss Sie bitten – auch im Interesse begabter und fleißiger Kinder – Thomas zu Hause zu unterrichten. Schicken Sie ihn nie mehr zu uns in die Schule!'"

Moni klappt das Buch zu, blickt ihren Mann fragend an. Aber Jannik mag jetzt nicht reden. Kommen ihm Tränen?

Daumen hoch, nickt er, gefällt mir sehr, sehr gut.

„Auch wenn die Edison-Geschichte letztlich sagt, man dürfe zugunsten eines Menschen lügen, stimmt's?"

Noch immer nickt Jannik.

Der HERR segne dich und behüte dich;
der HERR lasse sein Angesicht leuchten über dir
und sei dir gnädig; der HERR hebe
sein Angesicht über dich und gebe dir Frieden.

4. MOSE 6,24–26

Tracht tragen, ein Segen

Das christliche Abendland läge in den letzten Zügen, hatte der Schlipsmann vorhin zu Leon gesagt. Beim Schnuppertag für Praktikumsinteressierte und künftige FSJler im evangelischen Krankenhaus. Eigentlich ist Leon nur hingefahren, weil seine Freundin Sabrina dort ihre Ausbildung zur Krankenschwester machen wird. In ihrer Nähe oder gar im selben Wohnheim könnte Leons „Freiwilliges Soziales Jahr" doch besonders frei und willig werden, hofft er. „Ihre Freundin ist unsere einzige normaldeutsche Bewerberin", hatte der Personalchef hinzugefügt, als sei das ein Qualitätsmerkmal.

Letzte Züge, denkt Leon, das stimmt. Er hat es so grade noch in den versifften Bahnhof geschafft, aber auf dem blauen Bildschirm hoch über dem Bahnsteig gegenüber steht „50 Minuten später", am Parallelgleis dahinter die drei Wörter „Zug fällt aus". An seinem Gleis, auf dem Monitor über seinem Kopf, steht nichts. Das Display leuchtet nur blau und leer.

Komisch. Je weniger da oben steht, umso öfter starren die Leute da hin. Und dann hinunter auf ihre Smartphones. Was auch schlanken Menschen ein Doppelkinn beschert. Niemand merkt, dass Leon dabei die Starrenden anstarren kann. Er guckt einfach gern, wie andere gucken.

„Du sammelst Augen-Blicke?“, hatte Sabrina mal gefragt.

„Ich schaue nach, wo andere hinschauen, na und?“, hatte er geantwortet. „Statt mich über die Bahn zu ärgern, gucke ich Menschenzoo. Kostet nix und ist lustig.“ „Von Angesicht zu Angesicht“, hatte Sabrina gespottet.

Vier, fünf junge Typen schlendern heran. Orientalisches Aussehen. Akkurat getrimmte Frisuren und Bärte, eine Baseballkappe, zwei Muskel-T-Shirts, auch Kapuzensweater. Drei Jungs in makellos schneeweißen Sneakern, zwei barfuß in Badeschlappen. Eine Truppe, die mindestens Argwohn, manchmal Angst auslöst. Kraftstrotzende, rauchende, laut palavernde Stressmacher.

Leon vermeidet jeglichen Blickkontakt, dreht sich halb weg, tut so, als gäbe es wichtige Pushnews im Handy. Aus den Augenwinkeln kriegt er mit, dass sie zwei Frauen hinterherfeixen. Auf Pumps an ihnen vorbeigestöckelt, in figurbetontem Etuikleid die eine, in transparent sandfarbener Bluse die andere. Businessfrauen wie aus der Fernsehwerbung. Elegant, subtil sexy, aber für die Jahreszeit sehr luftdurchlässig, denkt Leon, während die Damen zum Gleisabschnitt für die erste Klasse weitergehen.

Nein, kein Pfiff. Von keinem der Kerle. Natürlich nicht. Nur dieses halb belustigte, halb empörte Kopfschütteln, das Leon noch von seinem Opa her kennt. Der war Studienrat, in Strickjacke und Lodenmantel. Deutschland in den letzten Zügen, also jetzt mal sittlich gesehen, hätte Großvater gesagt.

Von der Stirnseite des Kopfbahnhofs nähern sich zwei Ordensfrauen. Katholische Trachtengruppe, sagt Leon in

Gedanken. Dass ihre Kleidung „Habit“ heißt, weiß er nicht. Oder es sind Diakonissen, evangelisch. Zwei solcher Pinguine hatte er heute morgen im Krankenhausfoyer gesehen. Altersbedingt leicht vornübergebeugt tapern sie heran. Unter den festgetackerten weißen Hauben drängt hellgraues Haar hervor. Schwarzer Überwurf, anthrazitdunkler Glockenrock. Die eine trägt eine Aktentasche, wie Leons Grundschullehrer sie hatte. Die andere einen Coffee-to-go-Becher. In welchem Schuhgeschäft findet man diese breiten schwarzen Treter, fragt sich Leon. Vielleicht gibt's einen Onlineshop für Sicherheitsschuhe in kirchlichen Einrichtungen?

Da – wie auf Kommando drücken die Kerle ihre Selbstgedrehten aus und „nehmen Haltung an“, hätte Leons preußischer Opa gesagt. Die Körpersprache der Jungs signalisiert eine Art erwartungsvollen Respekt, eine „Reiß dich zusammen“-Message und, ach guck, die zwei alten Damen bemerken diese plötzliche Habachtstellung. Sie gehen auf die Gruppe zu. Die Nonne mit dem Kaffee in der Hand spricht einen von ihnen an. Leons Neugier steigert sich zum hemmungslosen Hinübergaffen: Der Typ schlägt die Kapuze zurück, nimmt die Baseballkappe ab und deutet – das gibt's doch nicht – eine Kopfneigung an!

Er „macht einen Diener“, hätte Opa gesagt. Man plaudert. Man lacht. Leon kann nicht hören, was sie reden, aber der ganze Move da vorne strahlt irgendwie Frieden aus. Freundlichkeit, Entwarnung.

Jetzt holt die zweite Nonne ein Handy aus ihrer speckigen Aktentasche. Eifriges Tippen in der Runde. Tauschen sie etwa Nummern aus? Offensichtlich. Als die Einfahrt des verspäteten Zuges angekündigt wird, streicht die Ordensfrau dem jüngsten der Jungs über die Wange! Als wäre sie seine Oma.

Seine staunenden Augen leuchten, kann Leon sehen. Die anderen heben den „Like it"-Daumen. Der Zug fährt ein.

Vielleicht gibt's das Christliche im christlichen Abendland ja auch in den letzten Zügen, denkt Leon und steigt ein.

Aug

en–

Blicke

Ihr seid das Licht der Welt. Es kann die Stadt,
die auf einem Berge liegt, nicht verborgen sein.
Man zündet auch nicht ein Licht an und
setzt es unter einen Scheffel, sondern auf einen
Leuchter; so leuchtet es allen, die im Hause sind.
So lasst euer Licht leuchten vor den Leuten,
damit sie eure guten Werke sehen und euren Vater
im Himmel preisen.

MATTHÄUS 5,14–16

This little light of mine

Im Supermarkt war von vier Kassen nur eine besetzt. Sein Lieblingsitaliener hatte die Hälfte der Tische mit Signalband abgesperrt. Die Hausärztin ließ per Telefonschleife wissen, man möge Rezept- und Terminwünsche bitte e-mailen.

Die Mails las dort aber niemand. Um die kaputte Spülmaschine könne er sich in vier Wochen kümmern, sagte der Klempner. Das alleserklärende Schlagwort lautete überall: Personalmangel. Postcoronesische Mitarbeiterschwindsucht.

„Wo sind die alle hin?", maulte Hermann beim Nachhausekommen. „Im Baumarkt müsste man Kriminalkommissar sein, um eine Zielperson zu finden, die dir die passende Schlauchschelle verkauft." Er kroch irgendwann selbst in den Spülautomaten.

Auch Hedwig raufte sich das weiße Resthaar – ihren Friseursalon gab es ja nicht mehr – als der Personalmangel die Gottesdienste der Kirchengemeinde erreichte: Egal, ob glimpflich oder heftig erkrankt, oft geimpft oder glücklich genesen, maskiert oder gesichtsnackt – es kamen immer weniger. Hermann zählte die Stühle, der Hausmeister die Köpfe, der Pfarrer die Beine. Alles schönrechnen half aber nichts: Als der Kirchenchor auf ein dünnes Doppelquartett geschmolzen war, bat die junge Kantorin Hermann, er möge sie doch öfter vertreten. Sie, die das Kürzel „KMD“ wie einen Namen im Pass vor sich hertrug, die Frau Kirchenmusikdirektorin, fragte ihn, den pensionierten Maschinenbauingenieur?!

„Nicht oben an der Orgel. Am Keyboard vorne reicht schon. Zwei, drei Choräle sonntagmorgens, den Gemeindegesang begleiten und den Choristen Einsätze zuwinken – Sie können das!“, hatte sie vom Rennrad herunter gelächelt und im Wegradeln irgendwas vom Licht unterm Scheffel gerufen. Also, dass er seins da nicht hinstellen solle.

Hermann konnte vieles gut. Ausflüge und Urlaube organisieren, im Haushalt provisorisch reparieren, was klemmte, quietschte oder schwieg. Er konnte vegetarisch kochen und trotzdem mal fett grillen. Aber Klavierspielen? Konnte er so lala, so „für den Hausgebrauch“, wie er bescheiden hinzufügte. Im Haus brauchte man es aber gar nicht oft. In der Kirche neuerdings jeden Sonntag.

Seine liebe Gattin ermunterte ihn mit dem Sprichwort, unter den Blinden sei der Einäugige König. Ja, Dankeschön. Aber wenn Frau Kirchenmusikdirektorin jetzt schwanger sei – von wem eigentlich, fragte sich Hedwig – und in Elternzeit gehe, dann sei Hermanns hausgebräuchliches Talent doch quasi eine Investition in die Zukunft der Kirche! Mitte siebzig sei doch keine Ausrede, wenn alle anderen entweder in der Rushhour des Lebens oder in Quarantäne oder Gott weiß wo seien.

Warum er morgens keine CDs von Igor Levit, Lang Lang oder Daniel Barenboim mehr einlege, nicht mal Keith Jarrett oder Jamie Callum, wollte sie irgendwann wissen. „Schön, aber entmutigend“, brummte Hermann. Dann merkte sie und sagte es nicht, dass er Kinder- und Volkslieder, ein paar einfache romantische Sätze des 19. Jahrhunderts und schließlich Schlager und Gospels übte, sobald sie, Hedwig, nicht da war. Dass er im Lauf der Wochen weniger knatschig aus der Stadt nach Hause kam, kaum noch meckerte, nicht mal nach Behördengängen. Dass er mit strahlendem Grinsen dem sauteuren Klavierstimmer ein sattes Trinkgeld draufgelegt hatte.

Die Pfarrerin und ein paar Kirchgänger bedankten sich artig, lobten ihn höflich und der Rumpfchor sang an hohen Feiertagen und bei Beerdigungen, was halt vierstimmig so grade noch ging.

Aber Moni, seine Tochter, und Schwiegersohn Jannik und Enkel Tamino bei dessen achtem Geburtstag – die applaudierten mit leuchtenden Augen und offenen Mündern, als Hermann richtig groovig rhythmisch „This little light of mine“ ins Zimmerpiano hämmerte. Hedwig stand hinter ihm, eine Hand in seinem Nacken, und dachte an eine Glückwunschkarte, die er mal bekommen hatte: „Für die Welt bist du nur irgendjemand. Aber für irgendjemand bist du die Welt.“

Da trat aus den Lagern der Philister ein Riese mit Namen Goliat aus Gat, sechs Ellen und eine Handbreit groß. Der hatte einen ehernen Helm auf seinem Haupt und einen Schuppenpanzer an, und das Gewicht seines Panzers war fünftausend Schekel Erz, und hatte eherne Schienen an seinen Beinen und ein ehernes Sichelschwert auf seinen Schultern. Und der Schaft seines Spießes war wie ein Weberbaum, und die eiserne Spitze seines Spießes wog sechshundert Schekel, und sein Schildträger ging vor ihm her. Und er stellte sich hin und rief den Schlachtreihen Israels zu: Was seid ihr ausgezogen, euch zum Kampf zu rüsten? Bin ich nicht ein Philister und ihr Sauls Knechte? Erwählt einen unter euch, der zu mir herabkomme. Vermag er gegen mich zu kämpfen und erschlägt er mich, so wollen wir eure Knechte sein; vermag ich aber über ihn zu siegen und erschlage ich ihn, so sollt ihr unsere Knechte sein und uns dienen. Und der Philister sprach: Ich habe heute den Schlachtreihen Israels Hohn gesprochen. Gebt mir einen Mann und lasst uns miteinander kämpfen. Da Saul und ganz Israel diese Rede des Philisters hörten, entsetzten sie sich und fürchteten sich sehr.

1. SAMUEL 17,4–11

Wenn man eine Zwille hätte

„Papaaaa? Weißt du, wie David den Riesen Goliath besiegt hat?“ Solche Fragen seines Achtjährigen zu hören nervt einfach während einer Zoomkonferenz im Homeoffice.

„Paaapa!!“ Im Hausflur wird es lauter, ungeduldiger.

Die sechs anderen Gesichter auf Janniks Tablet werden ihn mal kurz entbehren müssen.

„Sorry, gimme a second“, sagt er, klickt das Mikro und die Kamera aus, steht auf, öffnet die Bürotür. „Ruhe, Menschenskind! Mit Steinchen in einer Zwille hat er ihn besiegt. Alles andere später, später, okay?“

Zurück im Zoommeeting spürt Jannik seine Müdigkeit. An Tagen wie heute hat er morgens um sechs die Koreaner auf dem Bildschirm, abends um zehn die Kalifornier, und alle wollen alles „asap“. As soon as possible. Die Tonalität ist freundlich, aber die Gesprächsatmosphäre frostig.

„Wenn Vorwürfe laut auf dich einprasseln, stehst du im Regen. Das ist blöd. Wenn Vorwürfe stumm auf dich niedergehen, fällt Schnee. Das ist gefährlich“, hatte Frau Koshro mal gesagt, die Kollegin mit den persischen Wurzeln. Und den orientalischen Weisheiten. Ob sie weiß, wovon der Vorstandsvorsitzende redet, wenn er vielsagend schweigt?

Seit Wochen raunt die Führungsetage von einem US-Investor, der Millionen zuschießen würde, falls er an Personalentscheidungen beteiligt wird. Namen fallen nie, aber Jannik ahnt, wer in der Firma die Poleposition will und wer die Parkposition kriegen soll. Macht er sich unnötig Sorgen, prophylaktische Panik? Geht es gar nicht um ihn, um Janniks Team, um seine Projekte und Budgets?

Oder geht es präzis nur um ihn – und er merkt's nicht?

Die Ergebnisprotokolle solcher Konferenzen sind trockene Verlautbarungsprosa. Wortreich nichtssagend. Jannik zupft an der Oberlippe. Zoommeetings können anstrengender sein als die Zwischenrufe eines Kleinkindes.

„Woher kennt Tamino so blutrünstige Bibelgeschichten? David streckt Goliath nieder und köpft ihn dann, stimmt's?", fragt er Moni spätabends beim Zähneputzen im Bad.

„Aus der Schule vielleicht, oder der Jungschar? Vom Kindergottesdienst, wasweißich", gähnt seine Frau. „Immer noch besser, als wenn Hänsel und Gretel die Hexe in den Ofen schieben".

„Kapieren die Kurzen denn, dass es in der Geschichte um Effizienz statt Materialschlacht geht? Um den strategischen Vorteil, wenn David unterschätzt wird und Goliath sich schlapplacht, im Wortsinn schlapp?"

„Nein, viel zu weit gedacht. Für Tamino geht's um seine Angst vor größeren Kindern, vor stärkeren Jungs, vor Hausaufgaben, vor Sportstunden am Reck."

Nachts im Bett, wenn die besorgten Mails seiner ostasiatischen Partner auf dem Handy vibrieren, wunschträumt Jannik, er könnte dem machtgeilen Großinvestor etwas entgegenschleudern. Irgendwas Effektives. Kartellrechtliche Bedenken, Außenhandelsbestimmungen, deutschen Datenschutz, steuerrechtliche Hürden, ha! Als letztes tödliches Steinchen könnte er einen #MeToo-Verdacht losschießen. Und als David gegen Goliath vom Platz gehen, sprichwörtlich.

Rut antwortete: Bedränge mich nicht,
dass ich dich verlassen und von dir umkehren sollte.
Wo du hingehst, da will ich auch hingehen;
wo du bleibst, da bleibe ich auch. Dein Volk ist
mein Volk, und dein Gott ist mein Gott.
Wo du stirbst, da sterbe ich auch, da will ich auch
begraben werden. Der HERR tue mir dies und das,
nur der Tod wird mich und dich scheiden.

RUT 1,16–17

Erstaunliche Gründe

Bis jemand wie Jannik merkt, dass die Arbeitsatmosphäre in seiner Abteilung frostig geworden ist – das dauert.

„Chefmänner merken alles erst hinterher“, spottete Moni, „wollen's dann aber vorher schon gewusst haben.“

Schon vorher befürchtet hatte Jannik tatsächlich, dass es zu Eifersüchteleien unter den Kolleginnen kommen könnte, wenn die auffällig attraktive neue IT-Frau, Shirinpari Zareianhashemi Koshro, Führungsaufgaben bekäme. Oder dass die Herren Platzhirsche anfangen würden, um ihre Gunst zu rangeln. Es kam ganz anders, ganz unerwartet.

Dass „die Neue“ zwar aus dem Iran stammte, aber aus den USA hierher ins Unternehmen gekommen war – das wussten alle. Alle aber fragten sich: Warum? Warum von „da unten“ nach „da drüben“ und von da drüben nach hierher? Des Geldes oder der Liebe wegen? Der Not geschuldet?

Wo Fakten fehlen, wuchern Gerüchte. Firmenflure sind der fruchtbarste Humus für derlei Wildwuchs: Frau Germes erzählte Frau Krems, sie hätte gehört, Frau Koshro sei vor Ajatollah Chomeini in die USA geflohen. Als Studentin.

„Dann müsste sie über sechzig sein“, lachte Frau Krems, „die islamistische Revolution in Persien war 1979/80.“

„Na ja, aber dass die USA nach dem 11. September 2001

überhaupt noch eine iranische Moslemikerin reinließen ...", gab Frau Germes zu bedenken.

„Das heißt Muslimin. Und wenn Frau Koshro eine wäre, hätte sie ja nicht fliehen brauchen", lachte Frau Krems zum zweiten Mal.

Ab da fühlte sich Frau Germes besserwisserisch belehrt. Und schmollte.

Herr Behrends, direkter Vorgesetzter von Frau Krems, ermunterte sie diskret, sich ruhig und warumauchnicht für die persönlicheren Umstände der schönen Frau Koshro zu interessieren. Er als Mann dürfe sie ja nicht so direkt ausfragen und sei ja auch nicht neugierig.

Sie hätte in den USA Informatik studiert, kolportierte die Teeküche. Und dann bei einen IT-Dienstleister für Daimler Truck gearbeitet, ergänzte man unten an der Rezeption. Sie hätte in Amerika einen Deutschen geheiratet, wusste die Betriebskantine. Der aber ganz jung an Leukämie gestorben sei, hatte Frau Krems erfahren. Trotz ihres deutschen Mannes spricht sie kaum Deutsch, weil zu Hause immer Englisch gesprochen wurde, erklärte eine Putzfrau, die auch einen deutschen Mann hat und trotzdem kaum Deutsch kann.

Ob man sich finanziell verbessert, wenn man von Daimler in den USA in unseren Saftladen hier wechselt? Alle fragten sich das. Aber Jannik, ihr Abteilungsleiter, würde ja nichts rauslassen. Niemals. Selbst wenn er dürfte.

„Ist die nicht neulich von dem ... na, sachma, von dem Dings abgeholt worden?", fragten die Spätschichtler von der Security. „Wesentlich älterer Mann, gepflegte Erscheinung, Typ Abfindungskrösus?"

Die Umstehenden grinsten, was eine Kollegin aus der Finanzabteilung beleidigend fand. Ihr Mann war gerade üppig frühpensioniert worden.

Die Mutmaßungen gingen durch die Decke, die Stimmung in den Keller. Als ein notorisch übellauniger Kollege aus dem Marketing – immer schon eine Giftampulle mit zwei Ohren – laut darüber nachdachte, ob im Falle der exotischen Frau Koshro nicht doch das Aussehen ausschlaggebend gewesen sei und nicht, wie bei Frau Germes, die Frauenquote, da knallte es endgültig. Und da, erst da, merkte Jannik den betriebsklimatischen Temperatursturz.

Eine junge Witwe mit persischen Wurzeln gibt einen guten Job in den USA auf und zieht nach irgendwo in Germany ...? Das hatte ihn schon beim Lesen der Bewerbungsunterlagen interessiert. Aber die Papiere gaben nur den üblichen Schmus her: sich verändern wollen, neue Erfahrungen sammeln und so.

Letztlich war es Moni, die beim Neujahrsempfang des Unternehmens aus einer Plauderei mit Frau Koshro die simple Auskunft mitbrachte: „Wegen ihrer Schwiegermutter!"

Janniks Fragezeichen quer übers Gesicht hätte man fotografieren können.

„Eure Frau Koshro ist wegen ihrer deutschstämmigen Schwiegermutter hier, ganz einfach. Um sie zu versorgen, sagt sie."

„Das hat sie dir erzählt? Einfach nassforsch so erzählt?" Jannik am Bistrotisch mit Sektglas in der Hand wurde schlagartig neidisch darauf, dass manche Frauen so locker und schnell persönliche Dinge austauschen können.

Er hörte nicht, was Moni im Weggehen murmelte: „Das Komische ist ja, dass ich meine, so was Ähnliches mal in der Bibel gelesen zu haben. Ruth, glaub ich, hieß die. Kann man sich leichter merken als deine Neue in der Firma."

Frau Koshro

Zu der Zeit kamen zwei Huren zum König
und traten vor ihn. Und die eine Frau sprach:
Ach, mein Herr, ich und diese Frau wohnten
im selben Hause, und ich gebar bei ihr im Hause.
Und drei Tage nachdem ich geboren hatte,
gebar auch sie. Und wir waren beieinander,
und kein Fremder war mit uns im Hause,
nur wir beide. Und der Sohn dieser Frau starb in
der Nacht; denn sie hatte ihn im Schlaf erdrückt.
Und sie stand in der Nacht auf und nahm meinen
Sohn von meiner Seite, als deine Magd schlief,
und legte ihn in ihren Arm, und ihren toten Sohn
legte sie in meinen Arm. Und als ich des Morgens
aufstand, um meinen Sohn zu stillen,
siehe, da war er tot. Aber am Morgen sah ich
ihn genau an, und siehe, es war nicht mein Sohn,
den ich geboren hatte. Die andere Frau sprach:
Nein, mein Sohn lebt, doch dein Sohn ist tot.
Jene aber sprach: Nein, dein Sohn ist tot, doch
mein Sohn lebt. Und so redeten sie vor dem König.

Und der König sprach: Diese spricht: Mein Sohn lebt, doch dein Sohn ist tot. Jene spricht: Nein, dein Sohn ist tot, doch mein Sohn lebt.
Und der König sprach: Holt mir ein Schwert! Und als das Schwert vor den König gebracht wurde, sprach der König: Teilt das lebendige Kind in zwei Teile und gebt dieser die Hälfte und jener die Hälfte. Da sagte die Frau, deren Sohn lebte, zum König – denn ihr mütterliches Herz entbrannte in Liebe für ihren Sohn – und sprach:
Ach, mein Herr, gebt ihr das Kind lebendig und tötet es nicht! Jene aber sprach: Es sei weder mein noch dein; lasst es teilen! Da antwortete der König und sprach: Gebt dieser das Kind lebendig und tötet's nicht; die ist seine Mutter.
Und ganz Israel hörte von dem Urteil, das der König gefällt hatte, und sie fürchteten den König; denn sie sahen, dass die Weisheit Gottes in ihm war, Gericht zu halten.

1. KÖNIGE 3,16–28

Am liebsten dreinschlagen

„Erklär's mir! Jetzt!" Das ist die gereizte Version von Janniks Frage. Die sanfte Fassung geht so: „Was bedrückt dich, Schatz? Sag doch was."

Moni war tagsüber dünnhäutig, ging abends schweigsam seufzend zu Bett, warf sich im Schlaf hin und her, wachte früher als nötig auf, ohne Wecker.

„Der Konflikt ist viel zu verworren zum Erzählen", brummte sie jedes Mal ins Kopfkissen. Heute vorm Einschlafen versucht die gestresste Architektin es dann doch:

„Entkernung und Umbau der Alten Mühle, ein Drei-Millionen-Ding."

„Das Edelprojekt am Altstadtring, ja, kenn ich. Dein ganz persönliches Baby." Jannik richtet sich neugierig im Bett auf.

„Bauherr ist eine alte Unternehmerwitwe. Mein Entwurf ..."

„... sagt man das noch so? Bauherr?" Monis Mann plädiert selten fürs Gendern.

„... ist von der Stadt und vom Denkmalschutz genehmigt worden ..."

„Glückwunsch! Dann schauen am Ende zehn Prozent der Bausumme für uns raus!"

„... aber in dem ollen Wohnhaus daneben haben die Nachbarn Einspruch erhoben."

„Na und? Den wird die Stadt zurückweisen, wenn sie 'ne neue Alte Mühle will."

„Dachte ich auch. Die Querköpfe berufen sich aber auf § 34 Bundesbaugesetz, Nachbarschaftseinspruch bei Altbausanierung. Kann nicht abgewiesen werden."

„Dann isses Pech für die Bauherrin."

„Ich hab neun Monate dran gewerkelt ..."

„... trotzdem ist das Projekt tot. Schade. Aber dein Honorar für den Entwurf ist ja auch dann im Sack, wenn nicht gebaut wird, oder?"

„Es wird aber gebaut, Jannik, es wird!" Moni hat einen Kloß im Hals, während sie weiterredet: „Die Auftraggeberin und einer von der Stadtverwaltung gehen sonntags in dieselbe Kirchengemeinde."

„Ach nee. Worüber man nach dem Gottesdienst so alles plaudert ..."

„Eben. Beide haben die bockigen Nachbarn dazu gebracht, ihren Einspruch zurückzuziehen und einem geänderten Entwurf zuzustimmen!"

„Na prima. Noch ein Entwurf!"

„Nicht für mich, das ist doch die Sauerei! Den lässt sie jetzt von einer Bauplanungs-GmbH anfertigen, meiner Konkurrenz ..."

Moni hat ein Glas Wasser so energisch zum Mund geführt und halb geleert, dass sie sich bekleckert und verschluckt. „Weil die das billigere Angebot machen. Aber deren Pläne sind zu achtzig Prozent dieselben wie meine!" Sie hustet, stellt das Glas weg und zupft am nassen Fleck ihres Nachthemds.

Jannik ist schlagartig so empört, wie Moni es schon seit Tagen ist.

„Das ist Copyright-Diebstahl!“ Ein Riesenumsatz in den nächsten zwei, drei Jahren verdunstet gerade vor seinem inneren Auge.

„Ideenklau gilt in der Branche als Kavaliersdelikt. Ist fast nie rechtswirksam anfechtbar. Soll ich dem verlorenen Geld jetzt noch Anwaltskosten hinterherwerfen? Nee.“ Sie dreht sich zur Wand und zieht die Bettdecke ans Kinn. „Die Alte Mühle ist nicht mehr mein Baby. Den salomonischen Knoten löst keiner.“

„Es heißt ‚Gordischer Knoten‘, Schatz. Alexander der Große, griechischer Feldherr, durchtrennte einen unentwirrbaren Knoten in Gordium mit einem Schwerthieb. Salomo der Weise, israelischer König, schlug vor, ein Baby per Schwerthieb zu durchtrennen.“

Moni ist wieder hellwach. „Und wieso heißt dieser Sadist dann ‚Salomo der Weise‘?“

„Weil zwei Frauen beanspruchten, die rechtmäßige Mutter des Kindes zu sein. Salomo sprach es derjenigen zu, die bereit war, ihr Baby abzugeben. Die es lieber bei einer Adoptivmutter aufwachsen lassen wollte, als es sterben zu sehen.“

„Soll heißen: Wahre Muttis können loslassen, oder was?“

„Wahrscheinlich, ja. Muss man aber lebenslang üben.“

Salomo
der Weise

Ein anderes Gleichnis legte er ihnen vor und sprach: Das Himmelreich gleicht einem Senfkorn, das ein Mensch nahm und auf seinen Acker säte; das ist das kleinste unter allen Samenkörnern; wenn es aber gewachsen ist, so ist es größer als alle Kräuter und wird ein Baum, dass die Vögel unter dem Himmel kommen und wohnen in seinen Zweigen.

MATTHÄUS 13,31–32

Kleine Leute, grosses Vertrauen

„Spätabends mit einem gefälschten Hausausweis in den Südturm vom World Trade Center in New York. Seine Freunde im Nordturm schießen frühmorgens mit Pfeil und Bogen von dort das Drahtseil zu ihm rüber und dann ...“

„Nine Eleven, oder was?“

Jannik versteht nicht, wovon die Väter auf dem Parkplatz der Grundschule reden. Am 11. September 2001 flogen doch zwei Flugzeuge in die Bürotürme von Manhattan. Der Terrorakt des Jahrhunderts.

„Nix Terror. Akrobatik! Philippe Petit, der Hochseilartist, der französische. Ist mit einer Balancierstange 400 Meter überm Abgrund von einem Hochhaus zum anderen spaziert, hin und her. Bis ihn die Polizei runterholte.“

Jannik googelt. Tatsächlich: Philippe Petit. Am 7. August 1974 morgens um 7 Uhr. Es war neblig und nicht windstill.

„Das nenn ich mal 'n großes Selbstvertrauen“, nickt einer der drei Wartenden.

Vage erinnert sich Jannik, etwas Ähnliches schon mal gehört zu haben. Von einem Seiltänzer, der seinen Sohn in einer Schubkarre über den Abgrund balanciert hätte. „Ich hab keine Angst, es ist doch mein Daddy“, hätte der Junge gesagt. Fällt wahrscheinlich in die Rubrik „Moderne Märchen“. Wie die Vogelspinne in der Yuccapalme oder zigtausend rührselige Sensatiönchen im Internet. Aber ein Beispiel für grenzenloses Elternvertrauen wär's schon. Jannik erzählt die Anekdote, um irgendwas zum Smalltalk beizusteuern.

Die Männer plaudern über den großen Glauben der Kleinen und den kleinen der Großen. „Vertrauen ist gut, Kontrolle ist besser, sag ich immer. Du weißt ja nie, wem du deine Zwerge da anvertraust. Nicht mal, wenn's die Kirche ist." Da kurvt der Kleinbus mit den Kindern auf den Parkplatz. „CVJM Jungschar" steht auf den Seitentüren.

Eine Soundwelle Geschrei und Geschnatter ergießt sich nach draußen, gefolgt von zwei Handvoll aufgekratzter Jungen zwischen sieben und zehn, die mit Rucksäcken, Sporttaschen, Isomatten, Skateboards und undefinierbaren Holztrophäen in den Händen ihre Abholer suchen. Ende einer Ferienwoche „Abenteuercamp" im Zeltlager.

„Papaaaa! Ich hab eine Mut-Medaille gewonnen!" Tamino rennt auf Jannik zu, beim Umarmen riecht er nach Schweiß, Qualm und Urin. Ohne Punkt und Komma sprudelt er los, von der Nachtwanderung als Steinzeitjäger, von Wettkämpfen im Schwimmbad und vom Liedersingen am Lagerfeuer.

Moni daheim im Hausflur kämpft mit den Tränen, dass ihr Großer so glücklich wieder da ist. Auszupacken gibt's viel. „Gewinn-Klimbim" nennt Jannik das.

In die Wäsche muss wenig. Tamino trug offenbar Tag und Nacht immer dasselbe. Die Wechselunterwäsche liegt noch säuberlich gefaltet am Grund der Reisetasche. „Und was ist mit deinem Hemd passiert?"

„Wir hatten kein Backblech im Wald. Wir mussten aber auf irgendeiner Unterlage Teig machen fürs Stockbrot Milch, Eier, Mehl, so Sachen."

„Männer können nicht alles, sind aber zu allem fähig", kichert Moni spätabends beim Absacker zu Jannik hinüber. Der blättert gerade die Infobroschüre durch, die er vor Monaten hätte lesen sollen, bevor sie ihren Sohn auf der Freizeit anmeldeten. „‚Ich vertraue darauf, dass Jesus mir hilft, treu und ehrlich, fröhlich und zuverlässig, kameradschaftlich und dienstbereit zu sein' steht hier als einer der Leitsätze für die Kids. Meine Güte, sind die fromm. Wusstest du, welche Pfarrer oder Erzieher da mit den Jungs zelten gehen?"

„Ich schon. Ich war ja sogar beim Eltern-Info-Abend, wo sich alle Betreuer vorgestellt haben. Dir war deren Vertrauenswürdigkeit egal, oder? Du hast nur den Termin abgenickt und die Kohle überwiesen."

„Das nennt man großes Gottvertrauen, Schatz", kontert Jannik.

Die Liebe ist langmütig und freundlich,
die Liebe eifert nicht, die Liebe treibt nicht
Mutwillen, sie bläht sich nicht auf,
sie verhält sich nicht ungehörig, sie sucht
nicht das Ihre, sie lässt sich nicht erbittern,
sie rechnet das Böse nicht zu,
sie freut sich nicht über die Ungerechtigkeit,
sie freut sich aber an der Wahrheit;
sie erträgt alles, sie glaubt alles, sie hofft alles,
sie duldet alles.

1. KORINTHER 13,4–7

Viel Spielraum in der Tradition

„Das ist doch keine Hochzeit!“, flüstert Moni, „das ist ein Junggesellenabschied mit zufällig anwesender Braut.“

„Na ja, sooo anwesend auch wieder nicht“, brummt Jannik zurück. Die Braut wartet nämlich nebenan.

Sie sitzen in den Räumen eines orientalischen Restaurants. Sind Gäste einer, tja, was ist das, einer muslimischen Trauung? Einer Flüchtlingshochzeit? Braut und Bräutigam lernten sich im Sommer 2015 kennen, im Horror der Flucht aus Syrien. Inzwischen wohnen, arbeiten, leben sie hier, sprechen deutsch und – sie heirateten. Erst standesamtlich, jetzt „kirchlich“, würden Moni und Jannik sonst sagen. Aber „moscheelich“ wird das Paar offenbar hier getraut, im Nobel-Ambiente gehobener Gastronomie.

Das feierliche Ehegelöbnis, das berühmte Ja-Wort, hat der Imam nicht etwa Mann und Frau, ihm und ihr, abgenommen, sondern nur dem Bräutigam! Und dem Bruder der Braut, in Vertretung ihres Vaters. Sehr offiziell und liturgisch hat er das gemacht, inklusive Segensgebet. Aber: unter Männern.

Nuhr, die Braut, im Nebenraum. Umwerfend schön und aufgebrezelt. Hochsteckfrisur, goldene Ohrringe, pinkweißes Reifrock-Brautkleid mit kurzen Ärmeln, Riesenschleife im

Rücken. Sie appt mit ihren Eltern in Damaskus. Im großen Saal tanzt derweil Fahdi, ihr Bräutigam, mit einer Horde ausgelassener Männer die „Dabke“: Arm in Arm im Kreis, mit mal stampfenden, mal grazilen Fuß- und Beinschwüngen, wechselnden Vortänzern in der Mitte und dröhnenden Trommlern dahinter.

Der Imam hat Monis Befremden über so viel Zurücksetzung der Frau deutlich gespürt. „Die Braut tut das ihren Eltern zuliebe. Und ihren Schwiegereltern zuliebe. ‚Emanzipiert‘, wie ihr das nennt, ist Nuhr schon lange. Und westlich feiern die beiden später. Ohne Smartphone-Live-Übertragung nach Hause.“

Er grinst und hält den beiden einzigen deutschen Gästen dieser Feier ein Stück duftenden Pistazienkuchen unter die Nase.

„Aber ...“, fragt Jannik mit vollem Mund „aber wo bleibt die Romantik? Das tränenumflorte Ja aus ihrem Mund, der Kuss vorm Altar, der Brauttanz, die ... die Liebe?“

Imam Mahmut holt eine Banknote aus seiner seidenglänzenden weißen Dschallabija: „Schau mal, das sind 100 syrische Lira. Wir sagen dazu Assads Altpapier. Kaum 50 Cent wert. Und warum? Weil es nicht, wie sagt man, weil unser Geld ...“

„... nicht gedeckt ist“, ergänzt Jannik. „Von keiner Wirtschaftsleistung, keinem Gegenwert gedeckt ist.“

„Das meine ich, ja. Wenn wir von romantischer Liebe sprechen – wer garantiert ihre Gültigkeit, ihre ‚Kaufkraft‘ sozusagen?“

„Wir beide“, sagen Moni und ihr Mann fast gleichzeitig, „das Paar!“

„Nein, was wir füreinander sind, schenkt Gott allein ...", schüttelt Mahmut den Kopf, will weiterreden, wird aber übertönt: Der Männertanz wird wilder, das Tirilieren und rhythmische Klatschen schneller und lauter. Der Smartphone-Filmer, der alles live nach Syrien streamt, bricht in ungehemmtes Weinen aus. Der Bräutigam läuft rüber in den Frauenraum. Drüben kreischt jemand. Jannik hat Sorge, dass irgendwas aus dem Ruder läuft.

„Sie wollen ihren Eltern zeigen, wie viel Heimat und Tradition auch hier möglich sind. Dass es ihnen gut geht", beschwichtigt Mahmut, „und dass Mama und Papa nicht traurig sein sollen, wenn sie die Enkelkinder niemals küssen, die bald geboren werden ..."

„Ach so, stimmt ja", nickt Jannik. Moni schießen Tränen in die Augen.

Endlich. Die Braut mit großem Damengefolge – eine glitzernder als die andere – schreitet herein, nimmt neben dem Bräutigam Platz und eröffnet mit gnädigem Kopfnicken zu den Kellnern das Festmahl.

„Und was tut er dir zuliebe?", fragt Moni sie später.

Nuhr lächelt und streicht ihrem schwitzenden, verheulten Mann übers Haar.

„Eine normale, moderne Ehe führen. Zu Hause tun, was ich möchte. Mich lieben und ehren und mich versorgen ..." jetzt müssen beide lachen. „Und unseren Eltern verschweigen, dass ich mehr Geld verdiene als er!"

Dies ist das Wort, das Jesaja, der Sohn des Amoz, schaute über Juda und Jerusalem. Es wird zur letzten Zeit der Berg, da des HERRN Haus ist, fest stehen, höher als alle Berge und über alle Hügel erhaben, und alle Heiden werden herzulaufen, und viele Völker werden hingehen und sagen: Kommt, lasst uns hinaufgehen zum Berg des HERRN, zum Hause des Gottes Jakobs, dass er uns lehre seine Wege und wir wandeln auf seinen Steigen! Denn von Zion wird Weisung ausgehen und des HERRN Wort von Jerusalem. Und er wird richten unter den Nationen und zurechtweisen viele Völker. Da werden sie ihre Schwerter zu Pflugscharen machen und ihre Spieße zu Sicheln. Denn es wird kein Volk wider das andere das Schwert erheben, und sie werden hinfort nicht mehr lernen, Krieg zu führen. Kommt nun, ihr vom Hause Jakob, lasst uns wandeln im Licht des HERRN!

JESAJA 2,1–5

Gartenzwergkrieger

Der Gospelchor singt hinreißend, wirklich. Das Lied „Down by the Riverside“ enthält den arg oft wiederholten Kehrvers „I'm gonna study war no more“, weshalb Moni beim vierten oder fünften Mal flüsternd ihren Mann fragt: „Heißt doch: Ich studiere das Kriegführen nicht mehr, stimmt's?“

Jannik nickt, applaudiert in den jubilierenden Schluss des Songs hinein und denkt an morgen früh.

Die Kletterrosen rechts vom automatischen Garagenrolltor wachsen und wuchern so üppig, dass beim Öffnen manchmal ein paar Blätter und Blüten abgerissen werden. Unvermeidlich. Wenn man durch den Keller zum Auto geht und das Tor von innen öffnet – wer weiß, was außen wieder gewachsen ist!

Die Blumenrabatten, in denen die Rosen und Ranken wurzeln, gehören aber zum Grundstück des Nachbarn. Der hatte beim Kauf seines Hauses vertraglich ein „Überfahrtrecht“ zusichern müssen. Stand so im Grundbuch. Moni und Jannik fahren also täglich über seinen Grund und Boden. Rein juristisch.

Rein praktisch – und auch raus praktisch – überfahren sie dabei immer mal ein paar seiner Blumen. Herr Nachbar bepflanzt die Grünflächen rechts und links der Garageneinfahrt nämlich mit Sorten, die zuverlässig in die Breite wachsen. Rhododendren, Hortensien, Sträucher aller Art. Als er unter die Büsche auch noch Markierungssteine setzen wollte, war es zum lautstarken Eklat gekommen. Morgen früh wird Jannik wieder rausschlingern. Rückwärts.

Der Chordirigent erklärt jetzt etwas langatmig, dass der Prophet Jesaja um 700 vor Christus eine Wallfahrt zum Berg Zion imaginierte, dass Gott „die Völker zurechtweisen“, alle Kriege beenden und ein Friedensreich herbeiführen würden. Die Band intoniert „I'm goin' up the mountain“, der Chorleiter ruft: „Schwerter zu Pflugscharen! Lasst uns pflügen statt schießen“, dann schmettern die Stimmen.

Moni denkt an die Skulptur vor der UNO. An den heroischen Schmied, der das Schwert krumm hämmert. Und an die Buttons der Friedensdemonstranten in der DDR. Gibt es heute mehr Kriege als zu Jesajas Zeiten oder hören wir nur von allen? Können machtlose Kleinbürgerinnen wie sie die Kriegstreiber der Welt stoppen? „Frieden schaffen ohne Waffen“, herrje, das trugen ihre Eltern als Halstuch.

Jannik denkt ans Pflügen.

Man müsste ein paar Mal vor und zurück durch seine Blumenhecken pflügen, ratzfatz die ganze blöde Gartenumrandung unserer Garageneinfahrt zu einem matschigen Forstweg verbreitern! Hätte ich einen bulligen SUV mit Frontgitter, wie die Trucks in Australien einen haben, wenn sie Kängurus überfahren, dann ...

Das Lied endet mit donnerndem Finale. Applaus, Applaus.

„Diese Plastik, die die Sowjets in den Garten der UNO gestellt haben …“, sagt Moni, als sie im Foyer des Saales noch ein Glas trinken. Jannik fällt beim Stichwort „Plastik“ ein, dass morgen die gelben Tonnen rausgestellt werden. Würde er die seines Nachbarn rammen, läge sein Vorgarten voll Plastikmüll, ha!

Moni bricht mitten im Satz ab und starrt Richtung Ausgang.

„Sie war auch im Konzert!“

„Wer?“

„Unsere Nachbarin! Die Frau vom Gartenzwergkrieger.“

„Wo?“

„Da, am Ausgang.“

Als die beiden, freundlich Guten-Abend-und-auf-Wiedersehen murmelnd, an ihr vorbei sind, sagt Jannik: „Das Schwierige am Frieden schaffen ist ja, nicht zu sagen, was man denkt und nicht zu machen, was man könnte.“

„Wie kommst du denn darauf?!“

Da sprachen sie zu ihm: Wo ist Sara,
deine Frau? Er antwortete: Drinnen im Zelt.
Da sprach er: Ich will wieder zu dir kommen
übers Jahr; siehe, dann soll Sara,
deine Frau, einen Sohn haben. Das hörte Sara
hinter ihm, hinter der Tür des Zeltes.
Und sie waren beide, Abraham und Sara,
alt und hochbetagt, sodass es Sara nicht mehr
ging nach der Frauen Weise. Darum lachte
sie bei sich selbst und sprach: Nun, da ich alt bin,
soll ich noch Liebeslust erfahren, und auch
mein Herr ist alt!
Da sprach der HERR zu Abraham:
Warum lacht Sara und spricht: Sollte ich wirklich
noch gebären, nun, da ich alt bin? Sollte dem
HERRN etwas unmöglich sein? Um diese Zeit
will ich wieder zu dir kommen übers Jahr;
dann soll Sara einen Sohn haben.

1. MOSE 18,9–14

Uromas Freudentränen

Ja natürlich tun ihr kinderlose Frauen leid! Sehr sogar. Immer schon. Aber nur theoretisch. Hedwig kennt nämlich, persönlich, nur Mütter, Omas und willentlich Kinderlose. Oder Frauen, die aus Sorge um die Weltlage keine Kinder mehr kriegen wollten. Die das Kinderkriegen schon 1962 unverantwortlich fanden, als um ein Haar der Atomkrieg ausgebrochen wäre. 1986, als das Kernkraftwerk Tschernobyl explodierte, 2011 nach der Fukushima-Tragödie und seither angesichts der Klimakatstrophe. Es gab immer mal wieder junge Leute, die vorwurfsvoll-selbstkritisch fragten: „Darf man in diesen Zeiten noch Kinder in die Welt setzen?"

Und jedes Mal hatten Hedwig und Hermann mit ihrem Geburtsjahr gekontert: „Gezeugt im Krieg, geboren 1946! Waren das etwa rosigere Zeiten?"

Nur einmal, just in weltpolitisch sehr hoffnungsfrohen Zeiten, wäre ihr Kinderlosigkeit lieber gewesen. Bei Martin, ihrem damals 21-jährigen Sohn. Während im Fernsehen jubelnde DDRler in Freudentränen Interviews gaben, November '89, hatte Hedwig geweint, geschrien, Türen geknallt, nächtelang schlaflos und sorgenwach an die Zimmerdecke geschwiegen: Ihr Sohn Martin wurde Vater. Von einer Zufallsbekanntschaft. Von einem Mädchen, das er vorher nicht näher kannte und hinterher keinesfalls noch näher kennenlernen wollte. Was auf Gegenseitigkeit beruhte. Gerade erst mit Abitur und Zivildienst fertig, wurde Martin der alleinerziehende Vater einer Tochter. Hedwig und Hermann wurden junge Großeltern. Und Quasi-Eltern. In ihren Vierzigern.

„Eine Taufe ist ja immer“ lächelt die Pfarrerin vom Altarraum her, „ein ganz besonderer Moment im Leben von Familien.“ Ihre Stimme würde über ein gutes Mikrofon richtig jung und sanft klingen. „Aber so besonders-besonders wie heute“, jetzt erntet sie schmunzelnde Gesichter in den Bankreihen „war ein Taufgottesdienst in unserer Gemeinde wohl noch nie. Der Bibelvers ‚Sollte bei Gott etwas unmöglich sein?‘ aus dem ersten Buch Mose passt gut zum heutigen Anlass, denn ...“

Brausend intoniert die Orgel das erste Lied. Hedwig spürt einen Kloß im Hals. Die sympathische Pfarrerin in ihrem beigefarbenen Talar müsste ungefähr so alt wie Martins Tochter Verena sein. Die ist jetzt 33 und Hedwig als ihre Ziehmutter und Oma erinnert lebhaft jede ihrer Lebensstationen. Die Kleine war durchgängig Sonnenschein, nur selten Sorgenkind.

„Was aus der doch noch geworden ist!“ – „Da kannste mal sehen.“ – „Sollte man nicht meinen.“ Oft hatte es solche unausgesprochenen, aber unüberhörbaren Halbsätze gegeben. Lächelnd, mit anerkennendem Kopfnicken. Jedes Mal. Schon bei der Konfirmation, erst recht beim Abiball, beim bestandenen Bachelor und ganz verdruckst auch bei Verenas Hochzeit. Als wäre sie wegen ihrer unerwünschten Geburt zu lebenslangem Scheitern verurteilt.

„Auch Jesus war kein Wunschkind. Für Josef jedenfalls nicht“, hatte Hermann dann manchmal geantwortet.

Bei der Vorstellung ihrer Familie für die Hochzeitsgäste hatte Verena charmant gewitzelt: „Neben uns am Tisch hier, das ist sozusagen die Brautmutter, meine Oma Hedwig. Beides gleichzeitig!“

Und Hedwig hatte es genossen.

Jetzt, da vorne links, wiegt Verena ihr Baby im Arm. Wie aufgeregt sie neben ihrem Mann sitzt, ist sogar noch aus den hinteren Reihen erkennbar. Beide werden gleich an den Taufstein treten.

Hedwig setzt die Lesebrille auf, will ins Gesangbuch schauen, kann aber durch den Tränenschleier nichts lesen. Hermann neben ihr fragt flüsternd irgendwas, aber sie kann jetzt nicht antworten. Zu viel Rührung in der Stimme. Bloß nicht zu Martin hinübergucken, dann ist es ganz aus mit der Fassung!

„Der Junge“, wie Hermann seinen Sohn Martin beharrlich nennt, war nach dem „Vorfall“, wie man ebenso beharrlich sagte, fast drei Jahrzehnte lang keine ernsthafte Beziehung eingegangen. Hatte Arbeitgeber, Wohnorte und Partnerinnen gewechselt. Bis er knapp über fünfzig eine wirklich beeindruckende, aber wesentlich jüngere Frau heiratete. Kaum älter als seine Tochter.

Unmöglich fand das Martins Firmenchef. Kann nicht gutgehen, wiegten Freunde die Köpfe. „Klappt so was?“, fragten Nachbarn an der Bushaltestelle. Da waren Tochter Verena und die Frau ihres Vaters aber längst echte Freundinnen geworden. Weil beide fast gleichzeitig schwanger wurden.

„Wir taufen heute im Namen Gottes und im Auftrag Jesu Christi zwei Kinder."

Die Pfarrerin weiß, dass die meisten Anwesenden das längst wissen, betont es aber trotzdem.

„Martin – wie fühlt man sich, in ein und demselben Gottesdienst den ersten Sohn und den ersten Enkel taufen zu lassen? Wie isses, im selben Jahr Opa und Vater geworden zu sein?"

Martin grinst, nickt, will aber auf keinen Fall ans Mikrofon. Auch er hat einen Kloß im Hals.

„‚Sollte bei Gott etwas unmöglich sein?'", zitiert die Pfarrerin aus der Bibel, „ist eine Frage aus der Vorgeschichte zur Geburt des Isaak. Der heißt so, weil seine Mutter jubelte: ‚Gott lässt mich vor Freude lachen.'"

besonders-

besonders

Ich bin eingesetzt von Ewigkeit her,
im Anfang, ehe die Erde war.
Als er dem Meer seine Grenze setzte und
den Wassern, dass sie nicht überschreiten
seinen Befehl; als er die Grundfesten
der Erde legte, da war ich beständig bei ihm;
ich war seine Lust täglich und spielte
vor ihm allezeit.

SPRÜCHE 8,23.29–30

Wer ist sie?

„Wie alt schätzt du sie?“, fragt Moni ihren Mann und reicht ihm die Visitenkarte.

„Kommt drauf an, wann das Bild gemacht wurde“, weicht Jannik aus und liest den Namen in goldenen Relieflettern unter dem Foto. „Sophia L. Goodman. Ist das die“, er gibt ihr das Kärtchen zurück, „diese Finanztante, die Analystin, von der …“ „Genau“, unterbricht ihn Moni, „von der niemand weiß, für wen sie arbeitet. Sie will mich treffen.“

„Dich?!“ Jannik staunt zweifelnd, seine Frau nickt.

„Weil ich Architektin bin, sagte sie am Telefon, und Mutter. Sie hat eine, na ja, kindlich-mädchenhafte Stimme“.

„Wie die Giffey, die ehemalige Familienministerin?“

Nein, denkt Moni auf der Fahrt zum Treffpunkt, sie klang reifer, abgeklärter.

Da war auch was Verschmitztes in Sophias Stimme. Aber weder Google noch LinkedIn gaben was her, ihre Homepage war schmallippig und „Goodmans“ gibt's auf der Welt wie Müllers im deutschen Telefonbuch.

Das …, sackblödes Navi …, das ist doch nicht die Zieladresse! Hier? Eine Spielhalle, eine Daddelbude mit blinkendem Sonnenlogo über dem Eingang? Davor eine drahtige Dame mit Wuschelfrisur in einem figurbetonenden roten Kleid unter cremefarbenem Wintermantel. Sie winkt freundlich und deutet nach vorn. „Parkplatz! Da!" formen ihre Lippen.

Moni war noch nie in einer Spielhölle. Dämmriges Licht, grellbunte Automaten ringsum, monotone Melodiechen trällern von überall. Gebeugte Rücken, finstere Mienen, bemüht beiläufige Blicke der – fast nur – Männer im Raum.

„Wissen Sie, warum Architekten Architekten heißen?", fragt Sophia und setzt sich. „Weil sie den Anfang, den Grund, die Struktur legen. So beginnt der erste Satz im Buch Genesis: Im Anfang schuf Gott ... *en archē*. Auf Griechisch."

Was will sie von mir? Moni hält ihre Handtasche fest, als der Kellner kommt.

„Und warum schreibt ihr Architekten in eure Pläne immer nur ‚Kinderzimmer' und nicht ‚Spielraum'? Brauchen Erwachsene nicht auch einen?"

„So einen wie den hier bestimmt nicht", Moni hat ihre Irritation überwunden. „Glücksspiel kann süchtig machen."

„Stimmt. Bringt kein Glück, ist kein Spiel. Aber wie viel Raum zum Spielen, zum kreativen, lustigen Spielen meine ich, gebt ihr euch sonstwo?"

„Das entscheidet der Bauherr", zuckt Moni die Schultern.

„Eben." Sophia hat auch etwas Freundlich-Strenges in ihrem Gesichtsausdruck.

„Ich kenn' einen", jetzt lächelt sie, „nun sagen wir, Bauherrn des Lebens, der vermisst es, wenn ihr keine Spielräume einplant."

Ihre Sprechweise kommt Moni vor wie eine Mischung aus Heidi Kabels lebenserfahrener Nüchternheit und Ruth

Westheimers frech-forscher Art, über Sex zu reden. Sophia muss steinalt sein, wenn man ihre Hände sieht.

Moni seufzt auf. Hat sie nun eine Ausschreibung für mich oder nicht? Einen fertigen Auftrag womöglich, ein Riesenprojekt?

„Wissen Sie, Frau Gutmensch, äh, Goodman, so ein Spiel- oder Musikzimmer können sich nicht alle leisten und ..."

„Doch! Alle! Draußen!" Sophia ist energisch geworden.

Vor den Automaten drehen sich zwei, drei hängende Schulterpaare zu ihr um. Aufrecht sitzend und mit strahlendem Gesicht passt die vornehme Dame noch weniger in diese Spelunke.

„Schau'n Sie, Moni, mein zweiter Vorname ist Ludentia, die Spielerische. Sie sind Architektin, Sie sind Mutter, und wenn Ihre Kinder spielen, erinnert Sie das an den Anfang ..."

„Was heißt nochmal Sophia?", denkt Moni beim Verabschieden.

Und der König von Ägypten sprach zu den
hebräischen Hebammen, von denen
die eine Schifra hieß und die andere Pua:
Wenn ihr den hebräischen Frauen bei der
Geburt helft, dann seht auf das Geschlecht.
Wenn es ein Sohn ist, so tötet ihn;
ist's aber eine Tochter, so lasst sie leben.
Aber die Hebammen fürchteten Gott und
taten nicht, wie der König von Ägypten ihnen
gesagt hatte, sondern ließen die Kinder leben.
Da rief der König von Ägypten die Hebammen
und sprach zu ihnen: Warum tut ihr das,
dass ihr die Kinder leben lasst?
Die Hebammen antworteten dem Pharao:
Die hebräischen Frauen sind nicht wie
die ägyptischen, denn sie sind kräftige Frauen.
Ehe die Hebamme zu ihnen kommt,
haben sie geboren. Darum tat Gott den
Hebammen Gutes. Und das Volk mehrte sich
und wurde sehr stark.

2. MOSE 1,15–20

Nein, ehrlich gelogen!

Darf man lügen, um Leben zu retten? Ja, darf man, sagt die Bibel. Muss man im Notfall sogar, ist moralisch geboten. Jannik mag die Dokus und Reportagen, die – jedes Jahr zum Holocaustgedenktag Ende Januar – von mutigen Lügnerinnen erzählen, die Juden versteckten. Und jedes Jahr im Herbst die Filme von tapferen DDR-Dissidenten, die hartnäckig „nein" sagten und niemanden an die Stasi verrieten.

Wie bequem sich der eigene Autositz ums Becken schmiegt, wenn man auf winzigen Stühlchen im Kindergarten saß! „Wenig Spielraum für den Hintern", hatte er anfangs noch gewitzelt. Jetzt atmet Jannik auf. Knapp zwei Stunden Elternabend sind geschafft. Thema „Altersgerecht angstfrei aufklären".

„Wenn die kleine Leonie …", fängt Moni an und startet den Wagen.

„… die erste Freundin unseres fünfjährigen Sohnes, hoho", fällt ihr Jannik gutgelaunt ins Wort.

„Wenn diese Leonie fragt, wie sie in Mamas Bauch hineingekommen ist, dann fällt ihrer Mutter hoffentlich was ein."

„Hä?"

„Statt der Wahrheit, meine ich."

Moni klingt besorgt. Jannik versteht nicht. „Das haben wir doch gerade gelernt: ‚Als Papa und Mama sich ganz doll liebhatten' und so. Ohne anatomische Details."

„Jaja, aber die Kleine ist doch ... wusstest du das nicht?"

„Was?"

„Ein Kuckuckskind. Sagte man früher so. Sieht ihrem Vater ja auch nicht ähnlich."

„Quatsch!" Jannik richtet sich im Beifahrersitz auf, wendet sich zu ihr und schaltet das Warmluftgebläse ab. „Das ist Müttertratsch rund um den Kindergarten, wetten?"

„Lehnst du dich bitte wieder zurück, ich kann den rechten Außenspiegel nicht sehen."

„Kuckuckskind? Woher willst denn du das wissen!"

„Von ihrer Mutter. Hat sie mir selbst erzählt."

„Warum sollte sie so was rumerzählen?"

„Nicht überall herum. Nur mir."

Moni ist zügig auf eine gelbe Ampel zugefahren und muss kräftig bremsen, als die plötzlich auf Rot umschaltet.

„Pass doch auf!" Jannik wird ruckartig nach vorn gedrückt. „Warum ausgerechnet dir?", fragt er in die Stille hinein.

Moni holt tief Luft, als müsse sie bei Grün den Wagen selber anschieben: „Weil sie beim ersten Elternabend, in der Vorstellungsrunde, dich gesehen hat. Ab da wusste sie, dass du der Chef von Leonies biologischem Vater bist. Du kennst ihren Ex-Lover, verstehst du?"

Jannik ist wie vor den Kopf gestoßen, auch ohne Vollbremsung. Moni fährt an, gibt Gas, wieder eine Spur zu sportlich.

„Wer isses?"

„Sie weiß, wie gut ihr euch in der Belegschaft versteht. Und wie leicht bei Betriebsfeiern in der Firma zufällig mal

Nebenbemerkungen oder blöde Sprüche kommen. Und wenn jetzt ihr ahnungsloser Ehemann die Leonie vom Kindergarten abholt und dich dort trifft, dann wollte sie einfach nur sicherstellen ..."

„Wer – ist – es, Moni? Ich hab dich was gefragt!"

Janniks warmes Wohlgefühl im Rücken hat einer eisigen Anspannung im Bauch Platz gemacht.

„Das hat sie mir nicht verraten."

„Das hast du sie nicht gefragt?" Janniks ungläubiges Stirnrunzeln wird vom Licht des Bewegungsmelders vor ihrer Garageneinfahrt beleuchtet. Sie sind zu Hause.

Moni bleibt angeschnallt sitzen: „Nein. Glaub mir bitte: Nein, das habe ich sie nicht gefragt."

„Moment mal. Nur, damit ich es recht verstehe: Sie lässt dich und mich ein Familiengeheimnis wissen, damit wir so tun, als ob wir's nicht wissen?"

„Vermute ich mal, ja."

„Sie will, dass wir im Falle einer Nachfrage lügen?"

Moni macht ein bedauerndes Gesicht und zieht den Zündschlüssel ab.

„Ob es ihr Ehemann weiß, geht uns nichts an. Ob sie es Leonie irgendwann mal erzählt, geht uns nichts an. Wie sich Leonies wirklicher Vater, dein Angestellter, verhält, geht uns auch nichts an. Und?"

„Was, und?"

„Kannst du das Leben dieser vier Menschen verbessern, jetzt, wo du's weißt?"

„Nein", muss Jannik zugeben. Durch die geöffnete Seitentür strömt Winterluft herein. „Aber", er ächzt leise beim Aussteigen, „warum verdammt noch eins weiß ich's dann?"

*Und als der Sabbat vergangen war,
kauften Maria Magdalena und Maria,
die Mutter des Jakobus, und Salome
wohlriechende Öle, um hinzugehen und
ihn zu salben. Und sie kamen zum Grab
am ersten Tag der Woche, sehr früh,
als die Sonne aufging. Und sie sprachen
untereinander: Wer wälzt uns den Stein
von des Grabes Tür?*

MARKUS 16,1–3

Fällt ein Stein vom Herzen

Mit Blockaden kennt man sich in Stuttgart aus. Seit zehn Jahren schon. Erst besetzten Umweltschützer den Schlosspark, dann verhinderte ein Volksentscheid den Baustopp des Bahnhofs „Stuttgart 21". Seitdem blockiert ein gigantisches Erdloch den Zugbetrieb und den Stadtverkehr.

Wenn an Ostern in den Kirchen die besorgte Frage der Jüngerinnen Jesu zitiert wird „Wer wälzt uns den Stein von des Grabes Tür?", fragen sich schwäbische Christenmenschen besorgt: „Welchen Stein wälzt man uns morgen vor die Tür?"

Über Nacht können Kipplader riesige Abraumhalden aufschütten; es werden Baukräne installiert, Wohncontainer und Dixi-Klos abgeladen. Urplötzlich. Dass dort Berufstätige leben, die morgens aus ihren Wohnungen und Garagen herauswollen, überrascht die Planungsstäbe immer wieder.

Monis Vorschlag – sie ist immerhin Architektin – den Bahnhof oben zu lassen und die Stadt zu versenken, fand keine Mehrheit beim Referendum.

Topografisch ist Stuttgart ein beinahe kreisrunder Kessel, deshalb wohnen die Stuttgarter nicht in, sondern „mit Blick auf" Stuttgart. Nach unten, zum Boden des Topfes, verengen sich die Straßen an täglich wechselnden Baustellen, werden spontan gesperrt oder in erstaunliche Richtungen umgelenkt. Für das Aufstellen entsprechender Hinweisschilder bleibt da nun wirklich keine Zeit.

„Ortskundige werden gebeten, die Umgehungsstraßen zu benutzen", heißt es im Verkehrsfunk. Aber seit es GPS-Apps auf Smartphones gibt, sind alle Menschen ortskundig, alle. Das macht die „Umgehungsstraße" zu einer, auf der man schneller vorankommt, wenn man geht, statt fährt. Weil man ja steht, während man sitzt.

„Begriffe wie ‚Schnellstraße' oder ‚Zubringer' sind bei uns glatt gelogen", sinniert Jannik.

„Nicht, wenn sie dich schnell zur Weißglut bringen", entgegnet Moni und tippt nervös das Wort „Katharinen-Hospital" ins Navi. Sie wollen Carsten besuchen, der gestern operiert wurde. Während der Besuchszeit und nur schonend kurz, klar.

Sie neigt sich dem Ende zu, die Besuchszeit. Auf der Rückbank welkt ein Blumenstrauß vor sich hin. Die Rechtschreibkorrektur blockiert Monis Wunsch. Es müsse „Katharinenplatz", „Katharinenstrasse" oder „Käthe Kollwitz" heißen, mindestens.

Aber Jannik kennt sich ja aus. Auch mit Baustellenblockaden. Folgt er seiner Erfahrung, dem Navi oder der Beifahrerin? Die drei widersprechen sich gerade.

Das Krankenhaus besteht aus sieben Gebäuden auf einem Gelände zwischen fünf Straßen. Es gibt Einfahrten für Rettungsfahrzeuge, Anlieferer und Personal. Parkplätze gibt es für Behinderte, Frauen, Anwohner, Ärzte und Kurzparker. Jannik stellt die Karre irgendwo ab. Er findet es zynisch, sich um teure Knöllchen Sorgen zu machen angesichts ihres frisch operierten Freundes Carsten.

Aber wo ist die Station, auf der er liegt? Am Haupteingang wird gebaut, zwei von drei Nebeneingängen sind offenbar keine. Der Aufzug, den die beiden schließlich benutzen, führt auf eine Dachterrasse.

„Bis wir sein Zimmer gefunden haben ...", seufzt Moni mit Blick auf die geneigten Blumenköpfchen.

„... ist Carsten in der Reha", sagt Jannik und eilt voran. Treppab, treppauf, die Flure entlang, vorbei an Milchglas-Eingängen mit Türcodes und Stationen mit seltsamen Namen. Als sie, verschwitzt, besorgt, aber fürs Erste zufrieden, den richtigen Raum betreten, ist Carstens Bett leer.

Moni spürt Panik in sich hochkommen. Jannik hält den Atem an.

„Er ist nicht hier, er ist aufgestanden", sagt der Bettnachbar über den Rand seines Boulevardmagazins hinweg, „vielleicht in der Cafeteria?"

„Kann er das schon?", bellt Moni etwas zu laut.

„Geht es ihm gut?", japst Jannik.

„Ja. War wohl nur 'n ganz kleiner Eingriff, zackzack, dann Aufwachraum, bisschen weiterpennen, heute schon was gegessen, und jetzt ist er ..."

Aber da sind Carstens Freunde schon wieder draußen. Im Labyrinth der Flure und Treppen. Obwohl eine automatische Schiebetür automatisch nicht aufgeht, sagt Moni: „Mir fällt ein Stein vom Herzen."

Jesus spricht zu ihm: So lange bin ich bei euch,
und du kennst mich nicht, Philippus?
Wer mich sieht, der sieht den Vater.
Wie sprichst du dann: Zeige uns den Vater?

JOHANNES 14,9

Und nachher Happy Hour

Nein, er geht da nie mit. Schon deshalb nicht, weil er bis sieben, halb acht im Büro zu tun hat. Und wenn nicht, dann will er beim Kindsbettgang zu Hause sein. Heute, ausnahmsweise, geht er trotzdem. Wegen des Betriebsklimas. Mit zwei, drei Kollegen zum After-Work-Absacker, zur Happy Hour mit halben Getränkepreisen. „Gefundenes Fressen" heißt die hippe Tapas-Bar unweit der Firma, und als Jannik reinkommt, führt Herr Behrends gerade das große Wort, wer sonst.

„Die Leute haben Angst vor der Hölle, wollen lieber ewig leben als ewig gebraten werden, und mit dieser Angst hält die Kirche sie bei der Stange. Weil nur sie die Tickets zum Himmel verteilt. Oder verweigert. Blödsinn."

Was Jannik völlig überrascht, ist nicht Behrends rabiater Atheismus, sondern der Mann ihm gegenüber am Tisch.

„Hermann! Du hier? Was ... 'n Abend, ... was machst du denn ... das ist mein Schwiegervater, ja, echt ... in der Businesslounge bei unserem Spanier?"

Er angelt einen Stuhl vom Nachbartisch, hängt das Sakko über die Lehne und setzt sich in die Runde.

„Der Mojito ist um die Zeit billiger", Hermann lacht, wendet sich aber sofort wieder seinem Gesprächspartner zu: „Jetzt denken Sie das Wort ‚ewig' mal nicht als Zeitbegriff für unendlich, sondern als Qualitätsprädikat für lebenswert. Und den ‚Himmel' nicht als Wolke siebzehn, sondern als einen Glückszustand, dann ..."

Jannik muss sich beherrschen, nicht mit offenem Mund dazusitzen. Seit wann verteidigt Monis Vater den christlichen Glauben? Eine Kellnerin streckt von hinten ihren tätowierten Arm zwischen die Köpfe. „Wer bekommt den Tequila? Limette dazu? Und ein Pils, ein Korn für Sie".

In vorfeministischen Zeiten hieß das „Herrengedeck", denkt Jannik noch, da redet Hermann schon weiter. Über sein Alter, Mitte siebzig, und dass auch Herr Behrends nicht weiß, wie viel Zeit ihm noch bleibt und dass es doch ganz natürlich sei, auf ein Leben post mortem zu hoffen und dass in der Kirche an Ostern ...

Behrends unterbricht ihn: „Aber, 'tschuldigung, selbst wenn jemand an den Quatsch von der Auferstehung glaubt – bringt's demjenigen was? Hat man was davon?"

Jannik mischt sich bewusst nicht ein, denkt aber an das Beispiel von der Lokomotive, die man aus einem Tunnel herausfahren sieht, während alle Anhänger noch hineinmüssen. Hatte die Pfarrerin mal in Taminos Kindergottesdienst gesagt. Jesus ist auferstanden und wir sind angekoppelt.

„Hoffnung!", sagt Hermann nur, leert seinen Mojito und winkt Richtung Tresen. Als Behrends etwas hüftsteif aufsteht und pinkeln geht, ist Jannik mit seinem Schwiegervater endlich allein am Tisch.

„Wieso bist du hier?!"

„Ich hab auf Ebay Eric Claptons Unplugged-LP gesucht, Vinyl, von 1992. Behrends hatte sie", Hermann erhebt sich,

„und schlug als Treffpunkt die Tapas-Bar hier vor. Hat ein großes Vordach, kann man sogar bei Regen draußen rauchen. Dass Ihr Kollegen seid, hab ich erst vorhin erfahren."

„Und wie kamt ihr dann ... lass stecken, ich zahle ... auf ewiges Leben und so?" Jannik legt Geld auf den Tisch, zieht sein Jackett an.

Hermann grinst. „Der bekannteste Titel von dem Album ist ja wohl ‚Tears in Heaven', oder? So kamen wir drauf. ‚Behind that door, there's peace, I'm sure', wollte ich ihm ruhig mal sagen dürfen."

Bibliografische Information der Deutschen Nationalbibliothek:
Die Deutsche Nationalbibliothek verzeichnet diese Publikation in der Deutschen Nationalbibliografie; detaillierte bibliografische Daten sind im Internet über http://dnb.d-nb.de abrufbar.

Printed in EU

Das Buch wurde auf alterungsbeständigem Papier gedruckt.

Die Erstveröffentlichung der Texte erfolgte in den Fastenlesebüchern „7 Wochen ohne" (2020–2023). Sie wurden für dieses Buch neu zusammengestellt und überarbeitet.
Bibeltexte: Lutherbibel, revidiert 2017, © 2016 Deutsche Bibelgesellschaft, Stuttgart
Covermotiv und Schmuckbild im Innenteil: portishead1/istockphoto
Gesamtgestaltung: Anja Haß, Leipzig
Druck und Bindung: GRASPO CZ a.s., Zlín

ISBN 978-3-96038-363-5
www.eva-leipzig.de